POURQUOI LES FEMMES
SE PRENNENT LA TÊTE…

www.editions-jclattes.fr

Susan Nolen-Hoeksema

POURQUOI LES FEMMES SE PRENNENT LA TÊTE… ET COMMENT SE RENDRE LA VIE PLUS LÉGÈRE

Traduit de l'anglais (États-Unis)
par Laure Joanin

JC Lattès
17, rue Jacob 75006 Paris

Titre de l'édition originale
WOMEN WHO THINK TOO MUCH
publiée par Henry Holt and company.

Avertissement

Le mot « *overthinking* » qui revient à plusieurs reprises dans ce livre signifie littéralement « penser trop ». Par ce vocable, l'auteur entend la propension à ressasser en boucle, de façon obsessionnelle, un certain nombre de pensées ou sentiments négatifs.

Sommaire

Première partie

Une épidémie de prise de tête…

1.

Pourquoi est-ce dangereux ?

Depuis les quatre dernières décennies, les femmes ont bénéficié d'une indépendance accrue dans tous les domaines. Nous sommes aujourd'hui plus libres de choisir nos relations, nos carrières, nos modes de vie et le moment où nous voulons avoir des enfants – autant de choix qui paraissaient impossibles aux générations précédentes. Les progrès médicaux nous offrent des qualités de soin et une espérance de vie inégalées. Nous avons toutes les raisons d'être heureuses et confiantes.

Cependant, beaucoup d'entre nous sont parfois submergées d'angoisses, de pensées ou de sentiments qui, échappant à notre contrôle, pompent nos émotions et notre énergie. Nous souffrons alors de ce que l'on appelle une manifestation d'*overthinking* – des torrents de préoccupations et d'émotions négatives qui sapent notre vie quotidienne et notre bien-être. Nos inquiétudes se portent sur des interrogations fondamentales : « Qui suis-je ? Que suis-je en train de faire de ma vie ? Que pense-t-on de moi ? Pourquoi suis-je insatisfaite et malheureuse ? » Bien sûr, il est difficile de répondre à de telles questions. Alors nous traquons chaque indice, réfléchissons pendant des heures. Avec pour résultat de nous angoisser encore plus, libérant d'autres sources d'anxiété, plus ou moins grandes : « Mon fils se drogue-t-il ? Pourquoi n'ai-je pas un travail plus enrichissant ? Comment faire pour que mon mari s'intéresse encore à moi ? Pourquoi suis-je incapable de garder mon sang-froid face à ma mère ? »

Ces pensées vont et viennent au gré de nos humeurs mais nous parvenons rarement à en trouver les réponses.

Souvent, il suffit d'un seul événement insignifiant pour provoquer des heures ou des jours de torture mentale et de désarroi. Votre patron vous a adressé une remarque sarcastique et vous passez des nuits entières à vous demander ce qu'il a voulu dire, à ressasser votre culpabilité ou votre honte. Un ami a fait un commentaire sur votre poids, aussitôt vous focalisez sur son manque de tact, passez mentalement au crible votre apparence. Votre conjoint est trop fatigué pour faire l'amour… Résultat : des heures d'insomnie à vous interroger sur l'avenir de votre couple.

Cette spirale de méditation morbide touche davantage les femmes que les hommes. Au fil de mes recherches, j'ai constaté en effet que ces dernières sont plus susceptibles de s'y laisser glisser et d'en rester prisonnières.

Veronica, par exemple, est une mère au foyer de vingt-sept ans, jolie, avec des cheveux auburn et des yeux bruns pétillants. Pour son plus grand plaisir, ses journées sont consacrées à l'éducation de ses jumeaux âgés d'une dizaine de mois et à des activités au sein de sa communauté. Pourtant, lorsqu'elle a du temps de libre, elle cède à cet état négatif que j'appelle l'*overthinking* :

> Quel est mon problème ? Pourquoi suis-je toujours insatisfaite ? Je m'implique sans cesse dans de nouveaux comités, je mets sur pied des activités intéressantes pour mes enfants, mais tout ça me paraît sans intérêt… Qu'est-ce qui ne va pas chez moi ? Est-ce une question

hormonale ? Non, ça dure au moins pendant un mois ! Je ne sais pas, peut-être ai-je fait les mauvais choix ? J'ai affirmé vouloir être femme au foyer, mais si je m'étais trompée ? Rick apprécie-t-il vraiment ce que je fais pour les enfants ?

Au bout de cinq minutes, Veronica se met à penser à ses problèmes de poids, à son couple, à sa vie avant la naissance des jumeaux.

Jamais je ne perdrai les sept kilos pris pendant ma grossesse. Je suis condamnée à les garder le restant de ma vie. Et ça ne fera qu'empirer avec l'âge. Et si Rick rencontre une fille séduisante à son bureau ? S'il en avait marre de moi ? Comment pourrais-je me débrouiller seule avec les enfants ? Et comment retrouver un emploi ? Je n'ai jamais eu de véritable qualification. Mon travail ne m'a jamais plu et de toute façon, mon patron ne pouvait pas me voir…

Les femmes peuvent ruminer sur tout et n'importe quoi – leur apparence, leur famille, leur carrière, leur santé. Elles s'imaginent souvent qu'il s'agit d'une des caractéristiques de leur sexe, d'une de leurs qualités de base, le reflet de leur tendresse naturelle. C'est en partie exact, mais l'*overthinking* est également un poison toxique. Il paralyse nos envies, notre aptitude à régler les problèmes. Il fait fuir nos amis ou nos proches et détruit notre bien-être émotionnel. Les femmes ont deux fois plus tendance que les hommes aux épisodes dépressifs et il semble que leur *overthinking* chronique en soit l'une des causes. Pourtant, rien ne nous oblige à tomber dans ce travers. Nous avons, si nous le voulons, la capacité de nous dégager de cette manifestation d'hypersensibilité, de sautes d'humeur exacerbées et d'apprendre à reconnaître et à exprimer correctement nos émotions. Il est toujours possible de les contrôler et de gérer les situations qui nous bouleversent, de garder notre sérénité malgré les conflits, les tragédies et les chaos du quotidien. Rien ne nous interdit de tenir le cap, même dans les plus grosses tempêtes. Chacune d'entre nous a la faculté de diriger sa vie émotionnelle.

Échapper à l'*overthinking*

Échapper à l'*overthinking*, c'est comme tenter de se dégager de sables mouvants. Pour retrouver la liberté, la première démarche consiste à desserrer l'étau des pensées qui vous étouffent. La deuxième est de sortir du marécage, de rejoindre la terre ferme et de prendre de la hauteur afin de déterminer la direction que vous voulez donner à votre vie. Enfin, la troisième est d'éviter les pièges qui pourraient vous faire retomber dans cette spirale sans fond. Au fil de ces pages, je donnerai différentes méthodes pour réussir chacune de ces étapes.

Certaines personnes acquièrent ces stratégies naturellement. Comme Jenny, une agent de change âgée de trente-deux ans. Depuis un an, elle sort avec Sean, un jeune botaniste employé à l'Agence de Protection de l'Environnement de New York. Tous deux adorent recevoir leurs nombreux amis, dans le petit appartement de Sean, dans les faubourgs de la ville. Le jeune homme, ayant invité quelques copains à dîner, vendredi soir, a demandé à Jenny si elle pouvait venir l'aider vers seize heures. Elle a accepté avec plaisir, mais dans l'après-midi s'aperçoit qu'elle est en retard pour envoyer des factures censées partir avant dix-huit heures. Vers quinze heures, elle appelle Sean pour l'avertir. Concentrée sur son travail, elle ne voit pas le temps passer. Quand elle regarde la pendule, il est déjà dix-sept heures quarante-cinq – il ne lui reste que trois quarts d'heure avant l'arrivée des invités. Quand elle arrive essoufflée chez Sean à dix-huit heures vingt, ce dernier l'accueille avec une froideur manifeste. La scène éclate après le départ des convives. Hors de lui, Sean lui assène ses quatre vérités : elle est égoïste, obsédée par sa carrière et indifférente. Jenny trouve sa colère excessive. Au bout d'une demi-heure de reproches incessants, elle s'en va en claquant la porte.

Toute la nuit, elle tourne et retourne cette dispute dans sa tête, éberluée par la cruauté dont Sean a fait preuve. Elle passe en revue toutes les paroles qu'il a prononcées, imagine les réponses sarcastiques qu'elle aurait pu lui faire, se remémore les nombreuses fois où il l'a déçue.

> Il est complètement à côté de la plaque. Oser me dire que je ne pense qu'à mon boulot ! C'est totalement faux ! Il n'a pas idée de la pression que je subis au bureau et il s'en moque. C'est lui, l'égoïste ! Pourquoi a-t-il invité des gens alors que j'étais occupée ? Il ne pense qu'à lui, qu'à son plaisir. J'aurais dû lui dire qu'il devenait hystérique. Ça l'aurait stoppé net.

Finalement, Jenny s'endort mais se réveille le lendemain matin, tendue, obsédée par les mêmes pensées, de plus en plus furieuse. Soudain, elle se reprend : « Ça y est ! Je recommence, se dit-elle. Ça ne me mène nulle part. Je dois me contrôler. »

Elle va courir le long de la rivière, histoire de faire le point et de se distraire. De retour chez elle, elle revit mentalement sa dispute avec Sean. Elle parvient à discerner les vérités qu'il a prononcées, mais également ce en quoi il a exagéré. Et se rend compte qu'elle tient à lui, que rien – et surtout pas une querelle stupide – ne doit détruire leur relation. Elle réfléchit à ce qu'elle a envie de lui dire – qu'elle l'aime, qu'elle est désolée de l'avoir blessé, mais que ses accusations l'ont bouleversée. Elle imagine les différentes réactions que pourrait susciter en lui chacune de ces paroles, et rapidement sa colère reprend le dessus. Sean lui paraît de nouveau injuste, désagréable. Alors, inquiète de se sentir happée dans un tourbillon de pensées négatives, elle décide de se changer les idées et de remettre à plus tard ces ruminations. Après avoir appelé une amie pour se remonter le moral, elle reprend sa réflexion et décide qu'elle est prête à appeler Sean. Elle a l'esprit clair et sa bonne humeur est revenue. La conversation se déroule de façon positive : non seulement elle est capable d'exprimer ce qu'elle a ressenti mais aussi de l'écouter calmement. Finalement, réconciliés, ils prennent rendez-vous pour le lendemain soir.

Pourtant, au départ, Jenny avait mal abordé cette dispute. À force de penser aux paroles de Sean, à ce qu'elle aurait dû lui répondre, elle n'a fait qu'augmenter sa fureur et son désarroi. Si elle avait poursuivi dans cette voie, elle aurait probablement proféré des mots préjudiciables à sa relation. Mais en utilisant un certain nombre de stratégies pour rompre le cercle vicieux de ses pensées – prendre de la hauteur, développer des solutions positives et éviter à nouveau les pièges de l'*overthinking* –, Jenny est parvenue à dépasser son conflit. Plus concrètement, elle s'est libérée de sa rumination en s'accordant une pause. Grâce à une activité physique – le jogging –, elle a éliminé ses sentiments négatifs puis pris de la distance avec la dispute proprement dite en se concentrant sur son objectif majeur : sauvegarder sa relation.

Toutes les études que j'ai menées au cours des vingt dernières années m'ont convaincue que la clef d'une vie harmonieuse et saine passe absolument par la gestion de nos émotions négatives. Ces dernières exercent de profondes influences sur nos pensées et nos comportements. Lorsqu'on est triste, on a davantage tendance à noircir les situations présentes. Il est plus dur de réfléchir posément, de prendre des décisions ou même d'accomplir une tâche. Remâcher sa tristesse, c'est risquer d'être entraînée dans le désespoir, le dégoût de soi, l'impuissance et l'immobilisme, de voir des menaces partout, de s'inventer des maladies graves... En effet, comment se concentrer assez longtemps sur un objectif lorsque l'esprit vole d'une inquiétude à une autre ? Le danger est d'agir impulsivement ou, à l'inverse, de rester paralysé par la peur. L'anxiété provoque des troubles physiologiques chroniques et handicape la capacité d'action. En se complaisant dans la tristesse, la colère ou l'anxiété, les *overthinkers* se focalisent sur les pensées créées par leur humeur négative, les tournent et les retournent dans tous les sens. À force de les prendre au sérieux, ce sont elles qui gouvernent leurs prises de décision.

Comment fonctionne exactement l'*overthinking* ?

L'*overthinking* consiste à examiner, interroger ses pensées et sentiments négatifs. À les malaxer comme de la pâte. Tout peut démarrer, par exemple, après une dispute avec une amie. On commence par se dire : « Comment a-t-elle pu me parler ainsi ? Que signifiait exactement sa phrase ? Comment dois-je réagir ? » Certaines personnes trouvent facilement une réponse à ces questions : « Elle était de mauvaise humeur », « Elle est comme ça avec tout le monde », « Je ne dois pas y accorder d'importance » ou « Je vais lui dire qu'elle m'a blessée et puis passer à autre chose ».

Mais les questions peuvent aussi entraîner irrémédiablement d'autres interrogations – c'est ce que j'appelle l'*effet levure*. On se dit : « Je ne supporte pas d'être fâchée avec elle. Que pense-t-elle de moi ? Et si elle ne change pas d'avis ? » À l'exemple d'une pâte agrémentée de levure, nos pensées négatives gonflent, doublent de volume et progressivement prennent toute la place dans notre esprit. Au début, elles se focalisent sur l'événement qui vient d'avoir lieu, mais peu à peu on glisse vers d'autres situations du passé, du présent, brassant pêle-mêle nos doutes les plus intimes.

Plus ça va, plus on se torture : « Si je suis incapable de faire face à ce genre de conflit, comment puis-je diriger ma société ? Je me laisse marcher dessus. J'en ai assez mais je suis trop faible pour y remédier... Mes parents ne m'ont jamais appris à me maîtriser. Normal, eux non plus ne savaient pas garder leur sang-froid. »

Franny, une séduisante divorcée âgée de cinquante-cinq ans, succombe fréquemment à cet « effet levure ». Cela commence le plus souvent par des questions concernant son métier de paysagiste. Soucieuse de plaire à sa clientèle exigeante et fortunée, elle passe énormément de temps à s'inquiéter de la qualité de ses plans. Voilà un exemple type de la dérive de ses ruminations :

> Je n'ai pas été assez persuasive dans ma présentation du projet. J'aurais dû insister davantage. Ces objections étaient stupides. J'ai cédé. Pourtant, il a dit « c'est encore envisageable ». Que voulait-il dire ? Pourquoi ne lui ai-je pas demandé ? Qu'est-ce que je peux être timorée parfois !

Puis, Franny se souvient d'anciens clients qui ont critiqué ses plans :

> C'est comme ce type qui jugeait mes idées dénuées d'intérêt. Comment osait-il dire ça ? Comment ai-je pu le laisser parler sans réagir ? Finalement, il les a acceptées. Il voulait juste montrer qui était le plus fort...

Bien que la majorité de sa clientèle apprécie son travail, l'esprit de Franny ne gravite qu'autour de mauvais souvenirs professionnels. Puis, peu à peu, l'entraîne dans une réflexion douloureuse sur sa relation avec Andrew, un homme d'affaires d'origine arménienne qui possède une chaîne de restaurants de luxe végétariens. Intelligent, bourré d'humour, il est très apprécié de ses clients. Franny, qui en est très amoureuse, se demande constamment ce qu'il pense d'elle.

> Il pourrait avoir toutes les femmes qu'il veut – célibataires ou mariées. Il est beau, riche et totalement fascinant. Comment ai-je pu me comporter aussi bêtement, le week-end dernier ? On avait prévu de passer une super journée à faire du bateau mais j'ai trop bu et j'ai pris des coups de soleil. Je devais avoir l'air complètement idiote. J'ai honte de l'avoir embarrassé devant ses amis.

Après Andrew, Franny pense à son sex-appeal, à sa santé et à son fils de vingt ans. Pourtant, ces deux derniers sujets ne lui posent aucun problème : son récent bilan médical est excellent et elle a passé une soirée très agréable avec son fils, la semaine d'avant. Mais l'esprit de Franny ne parvient à se focaliser que sur les aspects négatifs de sa vie, à savoir qu'elle n'a pas eu d'orgasme lors de son dernier rapport avec Andrew, deux jours plus tôt, que sa mère a probablement une leucémie et que son fils boit un peu trop…

Franny saute d'une pensée à une autre – elles semblent toutes reliées – sans jamais rien résoudre. Cet *overthinking* en chaîne la rend malheureuse et paralyse sa vie. Si elle n'y met pas bon ordre, elle prend le risque de ruiner à la fois sa santé, sa carrière et sa relation avec Andrew.

Les différents types d'*overthinking*

Il y a trois types de base. Bien que certaines femmes aient tendance à se « spécialiser », nombreuses sont celles qui cumulent les trois formes.

*1. L'*overthinking *agressif*

C'est le plus fréquent. Il se concentre essentiellement sur les torts dont on s'imagine être victime. Celles qui en sont atteintes ont tendance à endosser l'attitude de personnes meurtries dans leurs droits et se focalisent sur des sentiments de vengeance ou de revanche.

> Ils ont rejeté ma demande d'inscription à l'université. Je n'arrive pas à le croire. Je suis bien plus qualifiée que la majorité des gens. Je parie qu'ils prennent les enfants des anciens élèves même s'ils sont moins bons que moi. J'ai travaillé dur, je le méritais. Ils font une grave erreur. À moins qu'ils aient des préjugés contre moi. Je vais attaquer ces salauds en justice !

Il arrive bien sûr qu'on ait réellement subi des torts et qu'on soit victime d'une injustice. Mais l'*overthinking* agressif tend à définir les autres comme des « méchants » sans tenir compte de « l'autre versant de l'histoire ». Cela peut nous pousser à agir impulsivement, à vouloir nous venger des autres au risque d'en faire les frais : en entamant une action en justice inutile et coûteuse ou en tombant dans la violence physique.

*2. L'*overthinking *autonome*

Il débute innocemment à la suite d'une vive émotion ou lorsque l'on réfléchit à un événement récent. On commence alors à chercher les causes des sentiments qu'on éprouve.

> Peut-être suis-je déprimée parce que je n'ai pas d'amis ? Ou parce que je n'ai pas perdu de poids ce mois-ci ? Et si c'était à cause de mon passé ? D'où vient ma colère ? De mon attitude servile au bureau ? Des remarques désagréables de ma mère ? Est-ce parce que ma vie ne ressemble pas à ce que je voudrais ?

Lorsqu'on rumine, toutes ces possibilités nous paraissent vraisemblables. Non seulement nous les acceptons, mais nous inventons des explications de plus en plus dramatiques. Le danger est de créer des problèmes qui n'existent pas – ou de les amplifier. Nos pensées ne semblent plus nous appartenir. Elles sont autonomes et nous poussent à prendre de mauvaises décisions : démissionner de notre travail, annuler des sorties, abandonner nos études, s'opposer aux autres.

*3. L'*overthinking *chaotique*

On parle d'*overthinking* chaotique lorsque les pensées négatives ne surviennent pas en ligne droite, logiquement reliées les unes aux autres. C'est comme si tous les problèmes – la plupart n'étant même pas formulés – envahissaient l'esprit en même temps.

> Je ne parviens pas à supporter la pression au bureau. Je suis totalement débordée. De toute façon, je suis nulle, je mérite d'être virée. Mon mari a un nouveau voyage d'affaires, la semaine prochaine. Il part trop souvent et me laisse seule avec les enfants. Il se préoccupe plus de son travail que de sa famille. Mais je n'ose pas le lui faire remarquer. Je crois que j'ai trop peur d'entendre qu'il ne m'aime plus. Je ne suis bonne à rien. Et je ne sais pas quoi faire.

Ce type d'*overthinking* conduit fréquemment à l'immobilisme. En effet, comme l'on est incapable d'identifier clairement ses pensées ou ses sentiments, de se concentrer sur une inquiétude en particulier, on a tendance à se replier sur soi-même ou à se dérober devant la réalité. Certaines personnes cherchent à fuir ce désarroi confus dans l'alcool ou la drogue.

Testez votre tendance à l'*overthinking*

Au cours de mes années de recherches, j'ai mis sur pied un petit questionnaire destiné à évaluer la tendance de chacune d'entre nous à se complaire dans un négativisme chronique. Répondez aux questions ci-dessous pour situer votre degré personnel :

Quand vous êtes bouleversée – triste, nerveuse, cafardeuse – comment réagissez-vous ? Pour chaque affirmation ci-dessous, réfléchissez si vous pouvez dire « Jamais ou presque jamais », « Parfois », « Souvent » ou « Toujours ou presque toujours ». Attention : notez bien ce que **vous faites** quand vous êtes bouleversée, et non pas ce que vous pensez devoir faire.

Je pense :

– À quel point je me sens seule.

– À mon sentiment de fatigue ou à des douleurs physiques.

– À quel point j'ai du mal à me concentrer.

– À quel point je suis démotivée et passive.

– « Pourquoi suis-je incapable de m'en sortir ? »

– Je me repasse en boucle un événement récent en souhaitant qu'il se soit mieux passé.

– À quel point je suis triste ou anxieuse.

– À tous mes défauts, mes échecs, mes fautes, mes erreurs.

– À quel point je manque d'énergie.

– À mon manque de capacité de réaction.

Si vous avez répondu « Jamais ou presque jamais » à toutes ces questions, ou éventuellement « Parfois » à deux ou trois, félicitations ! Vous avez mis sur pied d'excellentes stratégies pour combattre l'*overthinking*. Si vous avez répondu « Souvent » ou « Toujours » à la majorité des questions, vous avez tendance à ressasser vos sentiments au lieu de gérer votre vie émotionnelle.

Ne pas confondre l'*overthinking* avec...

Les gens confondent souvent l'*overthinking* avec l'anxiété. Malgré quelques points communs apparents, ces deux syndromes sont très différents. Le deuxième implique le « Et si ? », tout ce qui quotidiennement nous pousse à nous interroger sur l'avenir : « Et si je ne dis pas ce qu'il faut ? » « Et si je rate mes études ? » « Et si ce rendez-vous amoureux se passe mal ? »

Les anxieux dépensent une énergie considérable à anticiper les problèmes qui pourraient arriver, à penser à ce qu'ils devraient faire tout en s'inquiétant de ne pas en être capables. Les *overthinkers* **sont** d'incroyables anxieux mais ils font davantage que s'inquiéter pour l'avenir : ils se focalisent sur des événements du passé, des actes, des situations qu'ils auraient voulu différents. Ils ne sont pas dans le « Et si ? ». Contrairement aux anxieux, ils sont absolument convaincus que le pire est déjà arrivé. Il leur faut peu de temps pour être absolument certains d'être dans une impasse professionnelle, d'être méprisés par leurs amis, de l'échec de leur couple, etc.

L'*overthinking* n'a rien à voir non plus avec les troubles compulsifs. Les gens atteints de TOC nourrissent effectivement des réflexions obsessionnelles, mais ces dernières sont concentrées sur des situations ou des événements extérieurs à eux-mêmes. Ces pensées sont perçues par le sujet comme étrangères et gênantes. Par exemple, une personne obsédée par les microbes est persuadée que tout ce qu'elle touche est contaminé. Elle se lavera les mains une centaine de fois par jour sans jamais parvenir à faire disparaître cette obsession. La torture que vivent les victimes de TOC concerne également des actes spécifiques. « Ai-je éteint le gaz ? Ai-je fermé la fenêtre ? Ai-je renversé quelqu'un avec ma voiture sans le savoir ? » Ces doutes permanents qui handicapent leur vie sont jugés insignifiants par les autres – même par les *overthinkers* chroniques.

Enfin, il ne faut pas confondre l'*overthinking* et la « réflexion profonde ». Quand je parle de ce syndrome autour de moi, on me réplique souvent : « N'est-ce pas plutôt bon signe d'analyser ses émotions ? De réfléchir aux questions qu'elles soulèvent ? C'est la preuve qu'on n'est pas superficiel, qu'on a la capacité d'affronter son passé, de se remettre en cause. » Certes, nos pensées négatives nous révèlent parfois certains problèmes que nous refusons de voir. De longues années de recherche en psychologie ont même prouvé que ceux qui les refoulent chroniquement sont plus sujets à des troubles physiologiques, tels l'hypertension, les maladies cardiaques et même les désordres du système immunitaire, car elles indiquent souvent un conflit intérieur mal géré. À ce titre, il faut les prendre au sérieux et il n'est jamais mauvais de se livrer à une auto-analyse. Cependant, trop les écouter présente certains dangers, car elles ne nous mènent pas en ligne directe à nos véritables soucis. Tel un prisme, elles nous présentent souvent une vision déformée, rétrécie, de ce qui nous entoure – c'est ce que j'appelle l'*effet loupe déformant* de l'*overthinking*. Polluée par nos humeurs négatives, notre réflexion perd de sa qualité. Au lieu de voir notre présent et notre passé tels qu'ils sont réellement, nous n'en analysons que les aspects sombres. C'est ce qu'explique Sandy, une serveuse d'une cinquantaine d'années :

> Dès que mon moral baisse, deux choses me viennent en tête – c'est comme si mon cerveau s'y connectait directement. Je me lamente de ne pas avoir assez d'amis et de vie sociale. Quand je me sens bien, j'ai tendance à ne pas penser à tout ça.

« *C'est comme si mon cerveau s'y connectait directement* »… Sandy a raison. L'*overthinking* ouvre littéralement la porte à tous les nœuds négatifs enfouis dans notre cerveau : pensées, souvenirs, regrets, attentes frustrées… Comme si l'on suivait une route éclairée, on tire sur l'un qui nous conduit inexorablement à un autre, puis encore à un autre. Très vite, on accumule une tonne d'informations négatives qui se brouillent dans notre tête. C'est ainsi qu'une simple dispute avec notre fils peut nous mener, de fil en aiguille, à remettre en cause l'éducation qu'on a reçue, à gémir sur notre vie professionnelle, sur l'incompétence de nos patrons, etc.

Les principaux effets

À la suite d'une douzaine d'études menées auprès de gens de tout âge et de tout niveau social, depuis vingt-cinq ans, j'ai constaté que l'*overthinking* :

– rend la vie plus difficile à vivre – augmentation du stress, amoindrissement de la réactivité et de la prise de décisions ;

– nuit aux relations avec les autres – risques accrus d'abandon, de séparation. Incapacité à améliorer nos rapports à autrui ;

– contribue, dans les cas les plus graves, à de graves troubles comportementaux ou mentaux, comme la dépression, l'anxiété et l'alcoolisme.

J'ai constaté de façon concrète les premiers effets ravageurs en octobre 1989, à l'époque où j'étais encore professeur à l'université de Stanford. Afin de mener ma première enquête sur le sujet, j'avais distribué à deux cents de mes étudiants un questionnaire d'évaluation sur leur tendance à « trop penser » et à l'anxiété. Quelques jours plus tard, la baie de San Francisco était frappée par un violent tremblement de terre – 7,1 sur l'échelle de Richter –, le plus important en Californie du Nord depuis 1906.

Le bilan fut impressionnant : soixante-deux victimes, trois mille cinquante-sept blessés, douze mille sans-abri, près de vingt mille maisons et deux mille six cents entreprises détruites. Des incendies se déclarèrent un peu partout dans la baie, et l'extrémité du Bay Bridge, principal point de liaison entre San Francisco et la East Bay, s'effondra.

Pendant plusieurs semaines, les médias ne parlèrent que de cette tragédie : images d'immeubles en feu, blessés courant dans les rues, bâtiments effondrés, récits de survivants.

Une dizaine de jours après la catastrophe, cent trente-sept étudiants me rendirent leurs questionnaires dûment remplis. J'en profitai pour leur donner une autre série de questions sur la dépression et les interroger sur leur expérience du tremblement de terre. Avaient-ils été blessés ou avaient-ils perdu leur maison ? Leurs familles proches ou leurs amis avaient-ils été touchés ? Il était important de prendre en compte cet événement pour mesurer équitablement leur niveau de stress ou d'anxiété. J'ai recontacté ces étudiants quelque temps plus tard, exactement sept semaines après le séisme, afin de voir si les *overthinkers* restaient plus déprimés que les *non-overthinkers*. Comme je m'y attendais, les manifestations dépressives consécutives à la catastrophe étaient nettement plus marquées et plus durables chez les premiers que chez les seconds. Et ce, **quelles que soient la réalité et la gravité des événements qu'ils avaient vécus**. En résumé, les *overthinkers* chroniques offraient de nombreux symptômes d'une névrose post-traumatique – anxiété, sentiment de torpeur, insécurité.

Jill, élève en deuxième année à Stanford, faisait partie des étudiantes interrogées. Le soir du tremblement de terre, elle était dans sa chambre, sur le campus, avec Leila, sa colocataire, en train de discuter de leurs futurs examens de mi-trimestre. Jill avait grandi à Los Angeles et avait donc une grande expérience des séismes. Cependant, cela ne servit qu'à alimenter son *overthinking* :

Pourquoi suis-je incapable d'oublier ? Ce n'est pourtant pas la première fois que je vis ça. Mais je n'arrive pas à me le sortir de la tête. J'ai l'impression de revivre en permanence le moment où la terre s'est mise à trembler. L'étagère a failli tomber sur Leila et je n'ai rien pu faire, je suis restée plantée là à hurler. Elle aurait pu être tuée mais je n'ai pas bougé. Pourtant, je connais par cœur les consignes à suivre. Mes parents me les rabâchent depuis ma naissance. J'aurais dû d'abord vérifier que l'étagère était bien fixée au mur. Pourquoi suis-je aussi nulle ?

Contrairement à Jill, Leila, originaire du Colorado, n'avait vécu que deux petits tremblements de terre depuis son arrivée à Stanford. Sa première réaction fut de se précipiter dans un coin de la chambre pour se mettre à l'abri, et ce par miracle, quelques secondes avant que l'étagère vienne s'écraser sur le lit où elle était assise. Elle mit une bonne semaine avant de pouvoir parler d'autre chose mais très vite reprit le cours normal de sa vie. Sa principale préoccupation restait avant tout les partiels de mi-trimestre, reportés à cause de l'événement.

Moralement, elle était surtout fatiguée d'entendre Jill parler sans cesse de cette catastrophe et de son traumatisme. Car cette dernière restait obsédée : elle passait son temps à s'excuser auprès de son amie « de ne pas avoir vérifié l'étagère », « d'avoir failli causer sa mort ». Leila avait beau la réconforter, l'assurer qu'elle n'était responsable de rien, Jill ne parvenait pas à dépasser ses angoisses. La scène éclata trois semaines plus tard. Horripilée par ses « jérémiades », Leila lui reprocha violemment son comportement en lui intimant l'ordre de grandir. Blessée, Jill l'accusa de n'avoir aucune compassion pour les victimes et les sans-abri. Furieuse, Leila quitta la chambre en claquant la porte et ne revint pas de la nuit. Quelques semaines après, elle déménageait.

Cette histoire illustre parfaitement la difficulté qu'ont les *overthinkers* et les autres à se comprendre et à s'entendre, chacun réagissant différemment à un événement donné. Les premiers se sentent incompris et reprochent aux seconds leur dureté, leur manque de sensibilité, voire leur superficialité. À l'inverse, les autres les jugent plaintifs, nombrilistes et « prise de tête ».

L'*overthinking* et le deuil

S'il est normal d'être déprimé à la suite de la mort d'un être cher, il l'est un peu moins de s'enfoncer dans une sévère dépression de plusieurs années et de se laisser dévaster par le chagrin. Lors de mon étude consacrée aux conséquences psychologiques soulevées par le décès d'un proche, j'ai constaté que les *overthinkers* chroniques étaient plus prédisposés aux symptômes dépressifs que les autres. Ils ont davantage de mal à répondre à la question inhérente à ce genre d'événement : « Pourquoi cela m'est-il arrivé ? »

Pendant cinq ans, en compagnie de Judith Larson, une thérapeute spécialisée dans le deuil, et d'une équipe d'enquêteurs, j'ai rencontré près de cinq cents personnes ayant vécu récemment une perte cruelle consécutive à une maladie : cancer, sida ou pathologie cardiaque. Une somme d'expériences incroyables. Nous avons parlé avec des personnes âgées, homme ou femme, qui tentaient seules de reconstruire leurs existences sans le conjoint de toute une vie ; avec des jeunes orphelins – de père ou de mère – dont les relations et les collègues de travail ne comprenaient pas pourquoi ils ne parvenaient pas à « dépasser » leur chagrin en quelques mois. Nous avons discuté avec des gens qui avaient quitté un travail lucratif pour accompagner un ami mourant. Nous avons entendu les histoires émouvantes de mères venues de l'Iowa, du New Jersey ou de la Caroline du

Sud pour soigner leurs fils atteints du sida. Nous avons beaucoup appris de tous ces témoignages. Nous avons surtout appris que l'*overthinking* est particulièrement toxique devant un deuil.

Les *overthinkers* chroniques avaient plus de symptômes dépressifs *à la fois* pendant la maladie de leurs proches, peu de temps après le deuil et au cours des dix-huit mois suivants, que les autres. Près de 45 % d'entre eux présentaient des signes de névrose dépressive sévère.

L'*overthinking* a failli tuer Karen, une psychothérapeute âgée de cinquante-sept ans, dont la sœur aînée, Amanda, est morte d'un cancer du sein au cours de notre étude.

Bien que très dissemblables physiquement – la première était blonde, athlétique, la seconde, petite, rondelette et brune –, les deux sœurs étaient dévouées l'une à l'autre depuis leur enfance difficile passée entre deux parents alcooliques. Devenues adultes, elles passaient le plus de temps possible ensemble et s'épaulaient à la fois psychologiquement et matériellement. À l'annonce de la maladie d'Amanda, Karen jura de garder son optimisme et de se battre à ses côtés. Cependant, quand elle était seule, elle ruminait, perdait le sommeil, sautait des repas, s'enfonçant de plus en plus dans la dépression :

> Que vais-je faire si Amanda meurt ? Je ne peux pas vivre sans elle. Pourquoi n'est-ce pas moi qui ai eu un cancer ? Pourquoi Dieu nous inflige-t-il ça ? Nous avons déjà assez souffert. Je ne peux pas le supporter. Je ne sais pas si je pourrais vivre sans elle.

En dépit des efforts des médecins, Amanda mourut un an après. Comme beaucoup de gens confrontés à la mort, Karen vécut la nouvelle dans une sorte de stupeur. Elle s'enferma chez elle, refusant de s'alimenter ou même de communiquer avec son mari. Puis, tandis que le premier choc s'estompait, sa tendance à l'*overthinking* s'amplifia. Elle commença à ressasser ses conversations avec les médecins d'Amanda, se remémorant leurs mots exacts, ses réponses, s'inquiétant de leurs compétences. « Pourquoi n'ai-je pas cherché de traitements alternatifs ? se demandait-elle. Il existait sûrement une nouvelle technique chirurgicale, un médicament expérimental qui aurait pu la sauver. »

Son mari faisait tout son possible pour l'aider et refrénait son impatience. Il l'écoutait parler d'Amanda pendant des heures, de ce qu'elles avaient partagé, la réconfortait, la déculpabilisait. Pour lui permettre d'aller sur la tombe de sa sœur, il la déchargeait des tâches domestiques, de l'éducation des enfants. Mais, les mois passant, Karen était de plus en plus déprimée, obsédée par le souvenir de sa sœur. Un matin, alors qu'elle se douchait avant de se rendre au cimetière, elle découvrit sous sa paume une petite boule dans son sein droit. Un élan de terreur la traversa. Frénétiquement, elle se tâta à nouveau la poitrine. Une tumeur ? Elle n'était pas sûre. Avait-elle un cancer comme sa sœur ? Son esprit s'emballa :

> Je ne supporterai jamais de subir tous les horribles traitements qu'on a infligés à Amanda. Si c'est pour mourir, à quoi ça sert ? Je ne veux pas vivre la même déchéance physique. Je ne peux pas imposer ça à mon mari et mes enfants.

Depuis le décès d'Amanda, Karen avait déjà eu des idées de suicide mais n'avait jamais réellement imaginé les concrétiser. Brusquement, son esprit retint cette solution comme étant LA SEULE, L'UNIQUE, capable de lui éviter une lente agonie. Terrifiée à la pensée de perdre tout contrôle sur sa vie, de se retrouver prisonnière des hôpitaux, des blouses blanches, de traitements pénibles, elle ne pouvait imaginer consulter un médecin. C'était insupportable. Quand elle sortit de la douche, Karen était arrivée à la conclusion qu'elle avait un cancer du sein et qu'elle allait mourir. Et elle était décidée à se suicider.

Heureusement, à cet instant-là, son mari entra dans la salle de bains. En le voyant, elle fondit en larmes et lui raconta ce qui lui arrivait. Vingt-quatre heures plus tard, Karen fit une biopsie qui révéla qu'elle n'avait pas de cancer.

Au cours de mon étude, j'ai constaté également que l'*overthinking* peut gravement endommager les relations familiales, sociales ou amicales. En compagnie du psychologue Christopher Davis, de la Carleton University, j'ai examiné les changements relationnels vécus au cours des dix-huit mois suivant le deuil. Les *overthinkers* sont plus en demande de soutien et d'aide psychologique que les autres. À l'exemple de Karen, ils éprouvent un énorme besoin de partager leurs pensées et leurs sentiments avec leurs proches. Mais le fonctionnement actuel de notre société ne leur permet pas d'exprimer ouvertement et longuement leur chagrin. Les codes sociaux exigent d'eux de « le dépasser dans un délai raisonnable ». Les autres sont vite lassés, agacés par un « tel étalage » et sont souvent en peine de montrer leur compassion ou leur empathie. D'où ce sentiment qu'ont les *overthinkers* d'être peu soutenus émotionnellement. Le problème, c'est que l'accumulation de conflits nourrit l'*overthinking* qui lui-même se nourrit de frictions.

Laura, une jeune femme de trente-six ans, orpheline de père et dont la mère était en train de mourir d'une longue maladie, nous a dit :

> Les relations conjugales sont mises à rude épreuve. Mon mari n'a jamais vécu la mort ou la maladie d'un de ses parents, alors il est incapable de me témoigner de la compassion. Il n'a pas la moindre idée de ce que je vis. Il me répète : « Ça fait six mois maintenant, tu devrais avoir dépassé. » À cause de lui, je me sens nulle.

L'autre malédiction des femmes

Il y a une énorme différence entre la résistance psychologique d'un homme et d'une femme. Ces dernières sont deux fois plus sujettes aux épisodes dépressifs, sévères ou légers. Cet écart de « deux pour un » a été prouvé dans de nombreux pays du monde quelles que soient leurs cultures. Quelles en sont les causes ? Certains accusent les hormones, d'autres la dépendance sociale dont sont encore victimes les femmes dans nos sociétés. Personnellement, voilà maintenant vingt ans que j'étudie les causes de la dépression féminine et je suis sûre d'une chose : les facteurs sont multiples et variés. Ils sont à la fois d'ordre biologique, social, psychologique… Mais il y a également l'*overthinking*.

Cette certitude m'est venue à la suite d'une longue enquête intitulée « Les Femmes et la Dépression » que j'ai menée auprès de mille trois cents personnes, âgées de vingt-cinq à soixante-quinze ans, de tout profil et des deux sexes, choisies au hasard dans la San Francisco Bay Area. Après les avoir interrogées sur leurs carrières professionnelles, leurs parcours sentimentaux, leurs conceptions de la vie, leurs traumatismes, leurs histoires médicales, nous les avons questionnées sur leur tendance à l'*overthinking*.

Résultat : les femmes étaient deux fois plus nombreuses que les hommes à ruminer lorsqu'elles étaient tristes, anxieuses ou déprimées. En évaluant les facteurs les plus susceptibles de les conduire à la dépression, nous avons découvert que l'*overthinking* était statistiquement l'un des plus importants. Bien évidemment, il n'était pas le seul déterminant. Les femmes avaient également connu plus de chocs dans leur passé (d'ordre sexuel, par exemple), étaient plus souvent confrontées à la dépendance financière, sociale, à la pauvreté ou à la discrimination professionnelle. Mais il ressortait de façon imparable que l'*overthinking* expliquait très nettement la différence du nombre de dépressions entre les hommes et les femmes.

Une pensée polluante

Afin de comprendre pourquoi l'*overthinking* est un véritable poison – après tout, le travail sur les émotions a été vanté par de nombreux psy depuis les années 1960, c'est même l'un des buts de la thérapie ! –, j'en ai étudié les effets dans plusieurs études menées en laboratoire, sous la direction de Jannay Morrow du Vassar College, Sonja Lyubormirsky de l'Université de Riverside, Californie, et d'Andrew Ward du Swarthmore College. Nous avons mis sur pied une méthode capable de plonger les gens dans de « profondes ruminations ». La technique consistait à leur demander de se concentrer sur leurs émotions et à évaluer leur degré de bonheur.

Voilà quelques phrases que nous leur soumettions durant huit à dix minutes :

– Réfléchissez à votre degré de motivation à l'instant précis.

– Réfléchissez à ce que vous voulez faire dans l'avenir.

– Réfléchissez si vous vous sentez heureux ou triste.

– Réfléchissez à vos relations familiales.

Vous noterez que ces affirmations ne demandent pas explicitement de faire appel à des souvenirs ou sentiments négatifs. Nous désirions que les phrases soient le plus neutre possible afin d'examiner comment cette forme de réflexion affecterait l'humeur des gens, qu'ils soient heureux, moins heureux ou déprimés. Nous étions persuadés que cette méthode imposée d'*overthinking* aurait peu d'effet sur les gens non-déprimés, d'abord à cause de sa neutralité mais également parce que réfléchir sur soi n'est pas par essence déprimant. En revanche, nous étions presque certains que cela rendrait les dépressifs encore plus tristes ou pessimistes. En parrallèle, nous avons élaboré un autre test de même durée, composé de phrases plus légères, plus gaies, qui les divertiraient de leur auto-analyse.

– Pensez à une brise fraîche un jour d'été.

– Pensez à un avion volant lentement au-dessus de votre tête.

– Pensez à la forme de la Statue de la Liberté.

– Pensez au tracé de votre centre commercial.

Inversement, nous nous attendions à ce que ces phrases, choisies également pour leur neutralité, aient peu d'effet sur l'humeur des dépressifs. Tout en espérant qu'elles les distrairaient au moins à court terme. Nos attentes furent largement confirmées. Les déprimés confrontés au questionnaire d'*overthinking* se sont assombris davantage, tandis que ceux, soumis au deuxième test, ont retrouvé un peu de gaité. Les non-déprimés n'ont montré aucun changement d'humeur entre les deux questionnaires.

Puis, au cours d'une deuxième étude en laboratoire, nous avons convoqué les deux groupes (dépressifs/non-dépressifs) pour les soumettre à un troisième test concernant les pensées qu'ils nourrissaient envers le passé, le présent et l'avenir.

S'agissant du passé, nous avons démontré que les déprimés *overthinkers* avaient plus tendance à ressasser des souvenirs négatifs que les « déprimés distraits par le deuxième test » ou les non-déprimés. Ce qui, dans la réalité, signifie que lorsque vous focalisez sur votre tristesse et vos angoisses, votre esprit descend progressivement dans les parties sombres de votre mémoire, marquées par l'échec, la perte et la déception, ignorant les réminiscences joyeuses. C'est comme si des barrières invisibles vous empêchaient d'y accéder.

De la même façon, les *overthinkers* déprimés nourrissaient moins d'espoirs sur leur avenir que les « déprimés distraits par le deuxième test » ou les non-déprimés. Ils estimaient improbable de vivre des joies durables – réussir sa vie de couple, trouver un bon travail, connaître des succès professionnels ou vivre jusqu'à un âge avancé. Par contre, ils envisageaient parfaitement le pire : la maladie, les problèmes financiers, des ruptures. Leur manque d'espoir était un facteur aggravant de la dépression.

Les *overthinkers* déprimés considéraient également leur présent avec pessimisme. Ils étaient plus critiques envers eux-mêmes, comptabilisaient plus de problèmes dans leur vie – inexistants parfois – et se sentaient impuissants à les régler. Voilà ce qu'une des participantes à nos études exprimait sur son quotidien :

> Rien ne va comme je le voudrais. Je suis débordée et je me sens vraiment seule. Je n'arrête pas de demander des conseils à mes amis mais aucun ne me comprend.

En comparaison, les « déprimés distraits par le second test » nous disaient des choses du genre :

> Ma vie est *assez* frustrante en ce moment. Je ne suis pas aussi diplômée que je le devrais. Je mérite mieux que ça. Ma mère me propose de prendre des cours particuliers. Peut-être est-ce la solution ? J'ai de la chance qu'elle veuille m'aider et payer ces leçons à ma place. Je suis sûre qu'avec un peu d'aide, je vais pouvoir poursuivre mes études.

L'*overthinking* est un véritable frein. Pour s'en rendre compte, nous avons demandé à nos trois groupes distincts (déprimés, « déprimés distraits » et non-déprimés) de trouver une solution à un problème hypothétique. L'exemple choisi était : « Vos amis semblent vous éviter : que faites-vous ? » Résultat, les *overthinkers* déprimés paraissaient incapables de régler correctement ce type de difficultés. Leur réponse était : « Je pense que je les éviterais aussi » alors que les autres participants exprimaient le besoin de se renseigner sur les raisons d'un tel comportement.

De la même façon, les *overthinkers* ont besoin de plus de temps et d'information avant de trouver une solution. Ils sont généralement davantage portés sur le doute et l'indécision que les autres.

Au cours d'une de nos études expérimentales, nous avons proposé à nos participants de choisir parmi une liste d'activités celle qui pourrait les aider à retrouver le contrôle de leur vie, ou à chasser leurs idées noires. Tous ont réagi avec intérêt, montrant qu'il suffit souvent de se distraire pour échapper à la réflexion intense. Cela dit, les *overthinkers* déprimés paraissaient moins désireux d'aller jusqu'au bout de leur démarche. S'engager dans une quelconque activité leur demandait plus d'efforts. Même si, intellectuellement, ils savaient que cela serait positif, ils ne parvenaient pas à se motiver.

L'*overthinking* ne mène pas seulement à la dépression. Alors que j'étais jeune professeur à l'Université du Michigan, j'ai reçu une étudiante, Cheryl Rusting, qui s'intéressait aux interactions entre colère et ruminations. Elle était persuadée que l'*overthinking* était un facteur aggravant de l'irascibilité, tout comme il l'est pour la dépression. Pour prouver ses dires, elle avait mis sur pied une série de tests dans lesquels elle demandait à des étudiants de se rappeler leur plus grosse colère ou d'imaginer ce qui les rendrait fous de rage. Puis, comme Sonja et moi l'avions fait dans notre étude sur la dépression, elle les avait « plongés » dans l'*overthinking* ou les avait distraits avec deux questionnaires distincts. Le résultat était sans appel : les *overthinkers* en proie à la colère restaient furieux plus longtemps que les autres et leur niveau d'irritation avait tendance à augmenter sous le poids de la réflexion.

Cependant, il y a une différence entre les pensées créées par l'*overthinking* colérique et dépressif. Dans le premier cas, nous nous focalisons sur les injustices subies et sur les gens qui nous ont fait du tort. « Comment a-t-elle osé me faire ça ? » se dit-on. « Je vais lui rendre la pareille. » Dans le deuxième cas, nous nous concentrons sur nos échecs, nos erreurs. Mais en règle générale, nous oscillons entre plusieurs humeurs, plusieurs sentiments, ne sachant plus qui de nous ou de l'autre est à blâmer, si nous devons nous venger ou baisser les bras.

2.

Si ça fait si mal, pourquoi le faisons-nous ?

Amy ne sait pas pourquoi elle se met dans ces états. Assistante dans une importante d'étude d'avocats, elle aime son métier et se passionne pour les affaires qu'on y traite. Un jour, en pénétrant dans son bureau, elle avise une petite note sur sa table de travail :

« Amy, s'il vous plaît, je voudrais vous voir à dix heures. Stu. »

Le mot émane de Stuart Wayman, l'un des principaux associés du cabinet. Amy éprouve beaucoup de respect et d'admiration pour son patron mais l'idée d'être convoquée dans son bureau la fait frissonner. Que se passe-t-il ? se demande-t-elle aussitôt. Entre neuf et dix heures, elle est prise d'un accès d'*overthinking* chaotique :

> Pourquoi n'a-t-il pas précisé de quoi il veut me parler ? Habituellement, quand il veut me confier un travail de recherche, il m'envoie des instructions détaillées par e-mail. J'ai mal au ventre. S'il m'annonce une mauvaise nouvelle, je vais éclater en sanglots. Comment vais-je retrouver un autre boulot ? Va-t-il me donner de bonnes références ? Comment vais-je annoncer ça à ma

famille ? Ma sœur me tarabuste pour que j'intègre l'école de droit, pour que je devienne avocat. Elle n'a aucune idée de ce que ça représente. Elle ne m'a jamais vraiment écoutée, même quand on était enfant. J'ai la tête qui tourne. Je vais m'évanouir. Je vais passer pour une idiote. Si j'étais en meilleure condition physique, je saurais contrôler mon stress. Mais je suis trop paresseuse pour faire de la gym. Je ne supporte pas toutes ces filles minces en justaucorps. Je suis incapable de jouer le jeu. Voilà pourquoi je n'ai pas de vie sociale.

À dix heures, tremblant comme une feuille, Amy pénètre sur la pointe des pieds dans le bureau de Stu qui attaque gravement : « Amy, j'ai quelque chose à vous dire. Le procès de Chicago aura lieu dans un mois et j'ai l'intention de m'installer là-bas pendant toute la durée de l'affaire. Comme vous êtes la meilleure assistante de la société, j'aimerais que vous veniez avec moi. Cela me gêne de vous demander de vous absenter aussi longtemps. Qu'en pensez-vous ? Cela vous plairait-il de m'accompagner ? Nous vous indemniserons correctement, ne vous inquiétez pas. »

Amy est tellement bouleversée, perdue, qu'elle n'est pas vraiment sûre d'avoir bien entendu. Serait-ce possible qu'elle se soit angoissée pour rien ? Incapable de se souvenir des paroles exactes prononcées par Stu, elle parvient à bégayer : « Euh, bien sûr, si vous voulez... » Quelques minutes plus tard, elle retourne dans son bureau, le dossier de Chicago sous le bras, et reprend aussitôt son *overthinking* chaotique.

Quelle idiote je fais ! Pourquoi suis-je aussi trouillarde ? Jamais je ne pourrais devenir avocat. Le moindre stress me rend malade. Pourquoi Stu m'a-t-il demandé de l'accompagner ? Il prétend que je suis une excellente assistante mais peut-être a-t-il d'autres raisons ? Il paraît que son couple est en difficulté. Oh, seigneur, s'il me drague, jamais je ne m'en sortirais. Pourquoi me met-il dans cette situation ? Je lui en veux. Pourquoi suis-je aussi nulle ? Pourquoi est-ce que je me torture ainsi ?

Overthinking et organisation cérébrale

Pourquoi, effectivement, nous laissons-nous aller à ces ruminations destructrices ? Une des explications est d'ordre biologique. En effet, le fonctionnement et l'organisation du cerveau facilitent la rumination. Tous nos souvenirs ou pensées sont inextricablement liés les uns aux autres, regroupés dans des réseaux complexes. Un nœud (ou un réseau) concerne par exemple votre famille. Un autre, votre travail ou votre apparence. La plupart de ces nœuds sont reliés entre eux. C'est ce qu'on pourrait appeler les associations d'idées. Ainsi, en songeant à vos parents, vous pouvez brusquement penser à vos problèmes de poids, soit parce qu'il s'agit d'une question récurrente dans votre famille, soit parce que votre mère s'est toujours moquée de vos rondeurs. De la même façon, réfléchir à votre travail peut entraîner chez vous des interrogations sur vos enfants parce que vous vous sentez coupable de les négliger au profit de votre vie professionnelle. Il arrive qu'on ne soit pas conscient de ces connexions, que deux domaines qui n'ont a priori rien à voir entre eux soient reliés parce qu'ils concernent votre image de vous-même. Exemple : vous ratez un entretien professionnel et vous vous surprenez à vous juger trop grosse.

Le psychologue Gordon Bower, de l'Université de Stanford, a démontré, il y a une vingtaine d'années, que nos réseaux de pensées sont également liés à nos humeurs et nos émotions. Chaque événement vécu nous procure des sentiments positifs ou négatifs : joie, fierté, honte, tristesse. Les situations qui les ont déclenchés ont tendance à se regrouper dans un même et unique réseau de souvenirs. Résultat, quand vous êtes de mauvaise humeur – triste, anxieuse ou simplement bouleversée –, vous déclenchez inconsciemment une cascade de pensées associées à votre état d'esprit du moment, sans qu'elles aient forcément un rapport avec l'incident qui vous a frappé. C'est ainsi, par exemple, qu'un mauvais bilan professionnel vous fera songer à votre tante, morte l'an dernier.

Cette organisation complexe du cerveau – réseaux interconnectés de pensées, souvenirs et sentiments – augmente considérablement notre capacité de réflexion. C'est grâce à elle que nous sommes capables d'établir des similitudes entre plusieurs situations, des liens entre différents sujets. Cependant – et c'est le danger –, elle facilite également fortement nos tendances à la rumination. Un événement bouleversant a la capacité d'activer – littéralement d'éclairer – les réseaux de souvenirs négatifs enfouis dans notre cerveau et de modifier notre mode de pensée. Il nous les rend accessibles et leur permet d'entrer dans notre champ de conscience. Comme Amy, l'assistante juridique rencontrée plus haut, qui établissait des liens entre sa peur d'être licenciée, l'attitude de sa sœur, son dégoût de la gym et ses problèmes de vie sociale, nous sommes alors soumis à des cascades de préoccupations qui nous paraissent logiques. Mais je tiens à répéter que cette capacité de sauter d'une inquiétude à une autre provient essentiellement d'*un événement qui, en nous perturbant, actionne les réseaux négatifs* enfouis dans notre cerveau.

Malheureusement, c'est là que le cercle vicieux commence, car plus nous sombrons fréquemment dans l'*overthinking*, plus ce dernier se renforce. Ruminer à la suite d'une émotion bouleversante stimule nos réseaux de pensées ou souvenirs négatifs, resserrant les liens entre eux. À chaque nouvel accès, ces nœuds s'activent encore plus vite que la fois précédente. De plus en plus consciente de tous vos *problèmes*, vous les ressassez avec davantage de fascination.

Ce dernier point a été démontré par une importante étude menée par les psychologues Jeanne Miranda de l'Université de Georgetown et Jacquelyn Persons du Centre de Thérapie cognitive de la San Francisco Bay Area. L'expérience consistait à faire lire à un panel de femmes des phrases du genre « Je me sens triste et fatiguée » et « Je me sens déprimée » tandis qu'un autre lisait un texte léger et gai. Puis, au moyen d'un questionnaire, on a vérifié comment elles se sentaient. Bien évidemment, le premier groupe était plus négatif dans sa façon de penser. Mais, plus important, on s'est aperçu que la tristesse provoquait davantage de sentiments négatifs chez les femmes qui avaient déjà vécu un épisode dépressif. En d'autres termes, leurs réseaux de pensées et de souvenirs négatifs étaient plus facilement activés par une « plongée » dans la mélancolie.

Comment expliquer que certaines d'entre nous aient plus tendance à tomber dans l'*overthinking* que les autres ? Les recherches sur le cerveau commencent peu à peu à nous fournir des réponses. Le psychologue Richard Davidson, de l'Université du Wisconsin, a exploré longuement ce qu'il appelle « la neuroscience affective », les différentes façons dont le cerveau traite les émotions. Grâce à une technologie sophistiquée d'imagerie médicale, il s'est aperçu que les émotions négatives activaient davantage le côté droit d'une partie du cerveau (appelée cortex préfrontal) que le côté gauche. Le cortex préfrontal sert à la regulation des émotions – nos capacités conscientes et automatiques de les filtrer et de les contrôler. Un dysfonctionnement du cortex préfrontal peut donc conduire à une mauvaise régulation émotionnelle – exemples : l'*overthinking* ou la tendance à la dépression.

Deux autres parties du cerveau, l'amygdale et l'hippocampe, sièges de l'apprentissage et de la mémoire des situations émotionnelles, sont parfois détériorées chez les gens enclins à la dépression et à la rumination. En particulier, une amygdale hyperactive peut nous conduire à être « trop sensible », à capter aisément les informations négatives. Au cours de la prochaine décennie, les recherches de scientifiques tels que Davidson nous fourniront peut-être d'importants indices sur les causes de l'*overthinking*. Mais les différentes études que j'ai menées me suggèrent que la tendance à la rumination négative n'est peut-être pas simplement le résultat d'un dysfonctionnement cérébral mais également d'importants bouleversements culturels dans notre histoire.

Une génération d'*overthinkers*

L'*overthinking* touche avant tout les jeunes générations. Dans mon enquête menée auprès de mille trois cents personnes choisies au hasard (voir chapitre 1), 63 % des jeunes adultes et 52 % des gens d'âge moyen pouvaient être considérés comme des *overthinkers*. Ils comprenaient instinctivement la signification de ce mot et savaient en donner des illustrations concrètes.

Par exemple Christie, vingt-six ans, cadre dans l'informatique. Propriétaire d'une belle maison dans la Silicon Valley et d'une voiture de sport, elle a réussi sa vie professionnelle au-delà de ses espérances. Pourtant, entre deux réunions de présentation d'un nouveau logiciel, elle glisse dans la rumination. Elle nous a décrit comment ses pensées dérivaient de façon chaotique alors qu'elle fixait, d'un regard vide, l'écran de son ordinateur :

> Le type avec lequel je suis sortie le week-end dernier était mortellement ennuyeux. Comment a-t-il pu croire que ses récits de parties de golf m'intéressaient ? J'ai

l'impression que je fais fausse route dans ma vie sentimentale. Pouquoi suis-je toujours déçue par les hommes que je rencontre ?

Puis, sa réflexion s'appesantit sur son travail :

> Sans doute parce qu'ils me considèrent comme une dingue, une accro aux ordinateurs ? L'argent que je gagne ne compense pas mon manque de vie sociale. La moitié du temps, ce travail ne m'intéresse même pas. En fait, rien ne va, ni dans ma vie personnelle, ni dans ma carrière professionnelle.

L'*overthinking* de Christie ne s'arrête que lorsqu'elle est interrompue par l'arrivée d'un collègue ou que, anéantie et bouleversée, elle quitte son bureau en hâte pour se réfugier chez elle. D'après ce qu'elle nous a confié, elle reprend en général le fil de ses ruminations, une fois à la maison.

Dans notre étude, les gens âgés de plus de soixante-cinq ans avaient beaucoup de mal à comprendre ce que nous entendions par *overthinking*. Seulement 20 % d'entre eux étaient concernés par cette « maladie ». La plupart nous disaient avec étonnement : « En quoi est-ce utile de ressasser sa tristesse ou sa colère ? » D'autres nous ont fourni spontanément leur remède. Phyllis, par exemple, une dame de soixante-dix ans, veuve depuis quelques années. Peu fortunée, elle a dû se mettre à travailler à l'âge de soixante ans pour subvenir à ses besoins. Néanmoins, elle a considéré cette obligation non comme une corvée mais comme une occasion de rencontrer des gens et de découvrir la vie. Quand on lui a parlé d'*overthinking*, elle a souri : « *Laissez-moi vous donner un conseil. Quand on se sent glisser dans ce genre d'état, on adresse une prière rapide au Seigneur, on lui confie ses soucis et on s'active à une tâche utile dans la maison.* »

En dépit des difficultés rencontrées dans leur vie, les gens âgés sont peu nombreux à s'être laissés aller à l'*overthinking*. Pourtant, certains ont vécu des situations terribles qui auraient anéanti la plupart d'entre nous (deuils, guerre, travail éreintant). Dans l'ensemble, ils affirment avoir affronté l'adversité avec courage. Ils se sont adaptés aux circonstances, ont puisé un soutien auprès de leur famille et se sont servis de leur foi et de leurs valeurs pour comprendre ce qui leur arrivait. Les jeunes générations semblent incapables de se sortir de la moindre difficulté. La preuve en a été faite par une enquête conduite par Gerald Klerman et Myrna Weissman de l'Université de Columbia. Ces deux psychologues ont découvert que moins de 20 % des gens nés avant 1915 avaient eu une grave dépression nerveuse au cours de leur vie. Par contre, 40 % de ceux nés après 1955 connaîtront un épisode dépressif qui les conduira un jour chez un psychothérapeute. La plupart vivront au moins une légère déprime. Espérons que cette tendance diminuera au fil des années et que les futures générations trouveront mieux que nous la sagesse de gérer l'adversité. Malheureusement, les résultats des recherches que j'ai menées auprès de six cent quinze enfants, âgés de douze à seize ans, ne sont pas très optimistes. Beaucoup d'entre eux, surtout les filles, avaient déjà une forte tendance à l'*overthinking*. Nous avons demandé aux participants – des élèves « ordinaires » sans problème psychologique particulier – de choisir dans une liste les principales inquiétudes qui les habitaient au quotidien.

Les filles avaient beaucoup plus de sources de préoccupations que les garçons, des préoccupations difficilement solvables telles que leur apparence physique, leurs relations amicales, leur sécurité, leur avenir, les problèmes rencontrés par leurs copines ou leur famille, leur image personnelle. Autant de carburants à l'*overthinking*. Les garçons s'inquiétaient avant tout de leur réussite dans leurs activités sportives ou extra-scolaires.

Les causes de l'*overthinking*

D'où vient cette poussée sans précédent d'*overthinking* ? Selon moi, il existe au moins quatre facteurs culturels.

1. Le manque de valeurs

Nous sommes aujourd'hui libres de choisir la meilleure façon de mener notre vie, sans nous conformer obligatoirement aux choix de nos parents, aux règles religieuses ou aux normes sociétales. Mais comment savoir ce qui est bon pour nous ?

Contrairement aux anciennes générations, nous passons notre temps à contester ou à mettre en doute un certain nombre de valeurs : foi, patriotisme, humanisme. La culture environnante nous a poussés à être plus riche, plus beau, plus heureux et populaire que les autres. Mais la notion de réussite est de plus en plus fluctuante. La société nous enferme dans l'idée qu'on n'a jamais assez réussi. Les succès faciles, miraculeux, les « contes de fées » s'étalent à la une des journaux, nous obligeant sans cesse à remettre en cause ce qu'on a fait de notre vie. On broie du noir, on passe en revue les possibilités qui se présentent à nous en essayant de trouver celles qui nous apporteront le bonheur. On traque « Le Meilleur » sans être capable réellement de le définir tandis que le monde extérieur nous fournit des conseils et des opinions confus et contradictoires. On doute de nos motivations, de nos désirs, de notre jugement. On anticipe les choix à faire, regrettant les erreurs du passé, scrutant l'avenir.

L'évolution sociologique de ces quarante dernières années est telle que jamais nous ne pourrons revenir au système de valeurs et de croyances qui sous-tendait la société de nos grands-parents ou arrière-grands-parents. D'ailleurs, la plupart d'entre nous auraient du mal à en suivre les règles. Cependant, je suis persuadée que si nous tentions de réveiller certains principes qui sommeillent en nous, d'y adosser nos décisions et nos choix, nous pourrions limiter nos tendances à l'*overthinking*. Et trouver des réponses à nos questions les plus perturbantes.

2. L'obsession du « Tout nous est dû »

Notre société est également marquée par une extraordinaire quête de « récompense ». C'est ce que j'appelle l'obsession du « Tout nous est dû ». Nous estimons « avoir le droit » d'être riche, de vivre des relations enrichissantes, de nous accomplir professionnellement, d'être écoutés et respectés par les autres, oubliant que les frustrations font partie de la vie. Du coup, quand nos attentes ou nos espérances sont brimées, nous avons tendance à nous focaliser sur la « cruauté du destin », sur l'injustice du monde qui nous entoure, sur les défaillances d'autrui, sur notre incapacité à atteindre nos objectifs. « Pourquoi mon patron ne me donne-t-il pas la promotion que je mérite ? », « Qu'ai-je fait pour que mon petit ami n'ait pas envie de faire l'amour ? », « Pourquoi personne ne semble s'intéresser à ce que je pense ? »

Résultat, nous nous laissons envahir par la colère, la rage, l'anxiété, la tristesse et le pessimisme, cédant à des actes impulsifs, dommageables pour tout le monde.

Cette obsession du « Tout nous est dû » peut se résumer à trois certitudes :

– Je mérite ce que je désire.

– Personne n'a le droit de me déstabiliser.

– Ceux qui me bouleversent méritent d'être punis, publiquement si possible. Ainsi, tout le monde verra que j'ai raison.

La judiciarisation actuelle de la société est l'une des meilleures illustrations de cette idée fixe. Aujourd'hui, la moindre petite querelle entre voisins s'achève souvent devant les tribunaux, chacun se sentant dans son bon droit. Les médias populaires se font également l'écho de cette obsession. Des dizaines d'émissions télévisées, des milliers de stations de radios locales donnent la parole à des individus « lésés » qui font valoir avec force cris leur statut de victime. Et dans notre vie quotidienne, même un problème d'arbitrage au cours d'un match de foot entre des enfants peut finir en conflit, les parents estimant que leur progéniture a droit à la justice.

Cette quête incessante du « Tout nous est dû » entraîne un certain nombre de questions obsédantes (« Pourquoi ma carrière n'avance-t-elle pas ? », « Pourquoi ne suis-je pas riche ? ») auxquelles on répond avec la certitude d'être victime d'une injustice. (« Peut-être parce que mon patron ne le veut pas ? », « Peut-être est-ce à cause de mes responsabilités familiales ? »). Ces réponses contiennent parfois des éléments de vérité mais à trop se concentrer sur ce que l'on mérite, on néglige de régler efficacement ses problèmes. Et, surtout, on se positionne **contre** les autres. Au point parfois de douter de soi et de se remettre en cause personnellement.

L'histoire d'Olivia illustre parfaitement ce danger. Atteinte de boulimie, cela fait des années qu'elle passe ses soirées à se gaver de gâteaux et de chips avant de se faire vomir. Mais, progressivement, son besoin compulsif de manger devient permanent. Son travail s'en ressent. Pour satisfaire à son envie irrépressible, elle s'absente de longues heures de son bureau, allant jusqu'à rester quarante-cinq minutes dans les toilettes pour décharger son estomac. Bien sûr, elle finit par être licenciée. Anéantie, elle s'enferme chez elle devant la télévision, à regarder des talk-shows, des déballages de confessions intimes. Peu à peu, elle commence à disséquer ses relations avec sa famille et ses amis, cherchant ce qui, dans son passé, peut expliquer ses problèmes actuels. A-t-elle été violée étant enfant ? A-t-elle occulté ou refoulé un événement traumatisant, comme disent les psys ?

S'agit-il d'un choc émotionnel causé par ses parents ? Un manque d'affection ? Olivia est vite persuadée qu'il existe un responsable à sa détresse, sa boulimie, ses échecs professionnels. Influencée par ce qu'elle entend à la télévision, elle cherche l'identité de son « bourreau » dans son entourage proche. Un jour, au cours d'une conversation téléphonique avec sa mère, elle lui hurle son désespoir, l'accusant de ne l'avoir jamais aidée ou aimée. Cette « mise au point » lui procure un grand soulagement, un sentiment de triomphe mais bientôt son *overthinking* reprend le dessus. Incapable d'assumer son explosion de colère et de comprendre exactement en quoi sa mère est responsable de sa détresse, elle commence à se remettre en cause personnellement. Et si la vraie coupable, c'était elle-même ? Mérite-t-elle vraiment le bonheur ?

En règle générale, il ne suffit pas d'identifier ses « bourreaux », encore faut-il être capable de les affronter et d'en retirer un soulagement durable. La « catharsis » n'est souvent efficace que sur l'instant. Une fois satisfait notre besoin intense d'être entendu, nous retombons dans l'*overthinking*, afin de comprendre pourquoi la souffrance n'a pas disparu. Exprimer sa douleur ou ses rancœurs peut également avoir un effet boomerang. Se disputer avec son patron, ses parents, son conjoint n'est jamais sans risque. Il peut en résulter une fracture qui nous donnera de nouvelles raisons de ruminer.

Tragiquement prisonnière de son *overthinking*, Olivia est dans une impasse. Pire, elle est en train de gâcher sa vie. Alors, quoi ? N'a-t-elle comme alternative que de digérer sa souffrance et de nier les traumatismes vécus ? Certainement pas. Pour évaluer les véritables causes de son désespoir, elle doit d'abord se libérer de son *overthinking.* Alors seulement, elle sera capable de développer les moyens d'y remédier.

3. Le besoin compulsif de palliatifs

Aujourd'hui, tout doit aller vite. Quand nous sommes tristes ou bouleversés, nous avons tous tendance à chercher une solution rapide : changer de travail, rompre une relation, arrêter de voir sa famille… Ces décisions, parfois judicieuses, sont extrêmement préjudiciables quand elles ne servent qu'à masquer une insatisfaction. C'est comme mettre un pansement sur une jambe de bois, avec, à la clef, le risque de s'enfoncer encore davantage dans l'échec.

Le palliatif le plus fréquemment utilisé est la consommation d'alcool. Les *overthinkers* sont deux fois plus menacés par l'alcoolisme que les *non-overthinkers*. C'est pour eux souvent une façon d'oublier leurs inquiétudes et de prendre confiance en eux. Mais au-delà des problèmes médicaux que cela engendre, boire avec excès provoque ce que les psychologues Claude Steele de l'Université de Stanford et Robert Josephs de l'Université du Texas appelent *la myopie alcoolique*. À dose régulière, l'alcool a tendance à aiguiser la perception des soucis, à les grossir de façon excessive, voire à en fabriquer de nouveaux. 25 % des *overthinkers* sont victimes d'au moins une conséquence de l'abus d'alcool – ex. : manquer une journée de travail – alors qu'ils ne sont que 8 % chez les *non-overthinkers*.

Le second palliatif le plus en vogue actuellement est la prise de médicaments – antidépresseurs et autres anxyolitiques. S'il est prouvé que le Prozac et le Zoloft (inhibiteur de la recapture de la sérotonine) ont sauvé de nombreux individus atteints de graves dépressions nerveuses ou d'anxiété profonde, ils ne guérissent pas des stress du quotidien. Et encore moins de leurs causes.

4. La culture du nombril

Depuis le début des années 1960, la psychologie moderne – et la culture véhiculée par les médias – a essentiellement mis l'accent sur l'importance de la conscience de soi et l'expression des sentiments. Les paroles des chansons populaires, les conseils donnés par les magazines féminins, l'incroyable boom de la « littérature psy » et même la publicité nous poussent sans cesse « à nous connaître nous-mêmes » avec des formules du style : « Laissez parler l'enfant qui est en vous », « Soyez proche de vos émotions »…

Malheureusement, beaucoup d'entre nous ont poussé trop loin cette auto-analyse. Nous sommes devenus des nombrilistes et passons notre temps à disséquer ce que nous ressentons, à décrypter notre moindre petit changement d'humeur, notre moindre assaut de tristesse, d'anxiété pour en découvrir la signification profonde. En oubliant qu'ils peuvent provenir d'événements insignifiants tels qu'une nuit d'insomnie, une mauvaise météo ou un embouteillage sur le trajet du bureau. Le psychologue Norbert Schwarz a découvert qu'il suffisait que les participants à une de ses études trouvent un billet d'un dollar sur le plancher de son laboratoire pour modifier immédiatement la perception de leurs propres humeurs.

Nous « hyper-analysons » également les événements de notre vie, sans tenir compte des éléments extérieurs. Par exemple, au lieu de nous dire : « Mon patron est irrité ce matin, peut-être a-t-il des problèmes financiers, familiaux, etc. », nous avons tendance à penser qu'il nous en veut, que notre travail ne lui convient pas. À force d'accorder aux petits dérapages de la vie quotidienne une trop grande importance, nous finissons par guetter le moindre signe d'un problème à venir. C'est un excellent carburant pour l'*overthinking*.

3.

La vulnérabilité spécifique des femmes

Les femmes sont plus exposées

Le statut des femmes dans la société a remarquablement changé en cinquante ans. N'étant plus limitées à un cercle restreint d'activités, elles ont accédé à de nombreuses professions traditionnellement réservées aux hommes et acquis plus de responsabilités. Elles exigent maintenant davantage le respect de leur conjoint et un partage des corvées domestiques. Mais il y a encore du chemin à parcourir. Les femmes ne gagnent encore que 0,74 euro quand un homme en gagne 1 et l'écart des salaires est encore plus important pour les bas revenus. L'éducation des enfants et les tâches ménagères sont trop souvent à leur charge. De nombreuses études ont révélé que la majorité des femmes actives et mariées assument encore seules l'organisation de la maison et, bien que leurs carrières soient plus lucratives et prestigieuses qu'avant, elles souffrent toujours d'un manque de respect professionnel. Ces sources de stress chroniques – inégalités de pouvoir et de statut – contribuent à leur *overthinking*. En effet, elles ont parfois le sentiment d'avoir peu de contrôle sur leur vie et aucun moyen de l'améliorer. Je pense malgré tout que la plupart des femmes, soumises à ces tensions quotidiennes, gardent l'espoir de trouver des solutions. C'est pour cela qu'elles passent beaucoup de temps à disséquer leurs vies, à s'interroger sur leurs frustrations et leur détresse, à chercher les moyens de convaincre leur conjoint de s'impliquer dans les tâches ménagères et l'éducation des enfants (sans râler !), à réfléchir à leurs rapports familiaux et amicaux.

Malheureusement, certaines n'ont pas toujours cette prise de conscience. Dans une étude menée en 1982, la psychologue Faye Crosby de l'Université de Santa Cruz (Californie) a découvert que de nombreuses femmes vivant une relation inégale ou une discrimination sur leur lieu de travail ne se considèrent pas – peut-être en sont-elles incapables – comme des victimes. D'ailleurs, même si elles y parviennent, elles n'ont souvent pas les ressources pour se libérer de ce statut. Beaucoup préfèrent tenter d'améliorer leur relation en amenant leur partenaire à changer d'attitude ou en modifiant le fonctionnement de leur couple. Au risque d'aller vers un échec et de poursuivre leur vie conjugale avec le sentiment d'être dominées et dépendantes. Elles aussi ont toutes les raisons du monde de tomber dans l'*overthinking*.

Les femmes sont également plus souvent victimes de sévices sexuels – viols ou incestes – que les hommes. Lorsque l'agresseur appartient à l'entourage proche, les dégâts sont terribles. Cela détruit la confiance et le sentiment de sécurité. Pourquoi ai-je vécu cela ? se demande-t-on alors. Abandonné à ses douloureuses interrogations, on rumine sans jamais trouver de réponses.

Carole a vingt-deux ans. Abusée par son père pendant son enfance, elle a quitté le domicile parental à seize ans en s'enfuyant avec Martin, un jeune homme brutal et instable rencontré lors d'une fête. Un soir, après une dispute particulièrement violente, Carole se retrouve aux urgences, le corps couvert d'hématomes, avec un traumatisme crânien. C'est là qu'elle croise la route de Wendy, avocate d'un refuge pour femmes battues. Cette dernière parvient à la convaincre de quitter Martin et de s'installer dans un foyer. Perdue, Carole accepte. Pour la première fois de sa vie, elle se sent soutenue. On lui fournit des vêtements propres, de la nourriture et surtout un appui psychologique. En quelques semaines, elle se remet sur pied. On l'aide à trouver un travail et un appartement. Pourtant, elle refuse toujours d'aller consulter un psychologue, de parler de l'inceste qu'elle a subi. Elle est persuadée de ne jamais pouvoir oublier ce traumatisme – ni les coups reçus par Martin. Au cours des six années suivantes, elle avance tant bien que mal dans sa nouvelle vie. Malgré des promotions professionnelles, des augmentations de salaire, elle ne parvient pas à digérer sa souffrance. Quand elle est seule chez elle, elle succombe à un *overthinking* chaotique qui ne semble, pourtant, pas directement lié aux maltraitances vécues dans le passé.

> Je ne trouverais jamais de meilleur travail, je suis une perdante. Je suis incapable de soutenir une conversation avec les clients dans le magasin. Quand ils me regardent en face, je me sens dépassée. Si je ne me secoue pas, je n'aurais jamais de nouvelle promotion. Je suis pathétique. Et tellement seule. La compagnie des autres me pèse. Le seul endroit où je me sens bien, c'est chez moi.

Cette incapacité à aller de l'avant, cette paralysie (manque de confiance et d'estime de soi) se rencontrent fréquemment chez les victimes de traumatismes. Carole ne s'aime pas mais elle ne parvient pas à en comprendre les raisons. Elle n'arrivera à s'accepter que le jour où elle cessera de refouler les maltraitances subies.

Enfin, les femmes sont plus souvent frappées par la pauvreté que les hommes. Et donc par ses conséquences : exposition accrue à la violence, maladies, perte d'enfants, agressions physiques ou sexuelles, stress sévère, logements insalubres, incertitudes financières. Ces conditions de vie difficiles sont des facteurs aggravants de l'*overthinking*. Cependant, certaines de mes recherches me poussent à croire que l'inverse est également vrai : les ruminations négatives peuvent conduire, à haute dose, à la pauvreté. Elles sapent le moral, la confiance en soi, l'envie de guérir tout simplement des oppressions quotidiennes. Pour être capable d'affronter les difficultés, prendre son destin à bras-le-corps, il faut d'abord se débarrasser des pensées négatives. C'est la condition sine qua non pour entamer une réfléxion productive, dépasser les souffrances du passé et du présent et pouvoir se redéfinir en tant qu'individu.

Le rapport aux autres : un carburant pour l'*overthinking*

Les femmes et les hommes ont une façon très différente de se définir par rapport au monde extérieur. Les femmes se positionnent surtout en fonction des autres : « Je suis la fille de Catherine et John, la femme de Richard, la mère de Michael. » Elles bâtissent et entretiennent également des réseaux amicaux et sociaux plus étendus et plus profonds que les hommes. Elles s'impliquent davantage émotionnellement et discernent – devinent – mieux les sentiments de leur entourage.

Malheureusement, ces facultés de compréhension et d'empathie sont parfois à double tranchant, car si elles sont sources d'enrichissement personnel, elles donnent aussi largement matière aux ruminations. D'après le sociologue Ron Kessler de Harvard, les femmes sont plus touchées émotionnellement par les difficultés et les traumatismes rencontrés par leurs proches. Elles ont tendance à « avaler leurs problèmes », à se les approprier, à les vivre comme s'ils leur appartenaient, à se faire du souci. Plus grave encore, elles ont la fâcheuse manie de confondre leurs propres sentiments et ceux des autres. Leur image d'elle-même est trop souvent basée sur les opinions d'autrui. Elles décortiquent en permanence l'état de leurs relations et s'angoissent au moindre petit changement. À trop vouloir rendre les autres heureux, elles s'oublient.

Prenons l'exemple de Denise, une jeune femme de vingt-neuf ans. Un rien la plonge dans l'*overthinking*. Contrairement à elle, Mark, son mari, est plutôt grognon et désagréable, le matin. Quand elle arrive dans la cuisine pour le petit déjeuner, après s'être douchée et avoir fait six kilomètres sur son vélo d'appartement, et qu'elle l'aperçoit, muré dans le silence, ses pensées démarrent au quart de tour.

> L'ai-je bouleversé hier soir ? Je ne m'en souviens pas. Je suis tellement fatiguée après une journée de travail. Les enfants ont-ils fait une bêtise ? Peut-être a-t-il des soucis au bureau ? Oh ! Il vaut mieux que j'évite le sujet – je ne supporte pas l'idée qu'il soit malheureux…

Incapable de juguler ses angoisses, Denise demande inévitablement à Mark ce qui ne va pas. Tous les matins, elle s'attire le même genre de réponse : « Rien, aboie-t-il, je suis de mauvaise humeur, comme d'habitude. » Mais ces paroles ne suffisent pas à « débrancher » l'*overthinking* de Denise. Persuadée qu'il lui cache la vérité, elle le harcèle de questions. Bien évidemment, le ton monte. Agacé, Mark se met à crier : « Laisse-moi tranquille, arrête de faire des histoires pour rien. » Et c'est le cercle vicieux… Denise part travailler en s'interrogeant sur son couple. Elle s'inquiète, se reproche ses paroles, ses questions, se repasse la scène dans sa tête tout au long de la journée. Au besoin, la réécrit.

Qu'on me comprenne bien, je ne demande pas aux femmes d'être froides, détachées ou de manquer d'égards envers leurs proches, mais il y a une limite à l'implication émotionnelle. Lorsqu'on se définit trop par rapport à autrui, on prend le risque d'être constamment à la merci des hauts et des bas qui régissent toute relation. L'estime de soi ne doit pas dépendre du fonctionnement des autres.

Une question de nature ?

Les femmes ruminent davantage que les hommes parce qu'elle sont plus émotives. Toutes les institutrices vous le diront : dès le plus jeune âge, les petites filles vivent et expriment leurs émotions bien plus facilement que les garçons. Ce fait – parfois controversé – semble indiscutable. Plusieurs études, dont celle de la psychologue Lisa Feldman Barrett, du Boston College, le prouvent. Non seulement les femmes affirment vivre plus d'émotions que les hommes, mais elles les expriment davantage.

Après avoir choisi au hasard un panel de participants des deux sexes (de tous âges et de toutes professions), originaires de sept régions différentes d'Amérique et d'Allemagne, Lisa Feldman et ses collègues les ont confrontés à une série de vingt tests visant à évaluer leur niveau d'implication émotionnelle. L'un des scénarios proposés était ainsi formulé :

« Vous avez le même poste professionnel que votre ami. Chaque année, votre société offre une prime au mérite. Vous travaillez tous les deux aussi dur pour l'obtenir. Mais c'est votre ami qui est récompensé. Que ressentez-vous ? Qu'éprouve votre ami ? »

Quels que soient leurs origines, leurs âges, leurs professions, les femmes démontraient une plus grande conscience de leurs émotions, et de celles des autres, que les hommes. La conscience émotionnelle est-elle innée chez les femmes ? Pas si sûr. Tout vient de l'éducation. Il est désormais prouvé, grâce aux travaux de Eleanor Maccoby, de l'Université de Stanford, et de Judith Dunn, de l'Institut de Psychologie de Londres, que la plupart des parents s'intéressent davantage aux manifestations d'angoisse et de tristesse de leurs filles que de leurs fils. Pire, ils ont tendance à décourager ces derniers d'exprimer tout sentiment de peur ou d'anxiété.

Dès leur plus jeune âge, les filles sont largement autorisées à livrer leurs pensées négatives. On les pousse à les exprimer, on leur en explique les raisons au lieu de les aider à les combattre. Plus grave, les parents se laissent davantage aller devant leurs filles que devant leurs fils. Ils cachent moins leurs propres émotions, leur désarroi, leur impuissance. Les petites filles comprennent vite le message : « La souffrance fait partie de la vie ; on peut difficilement lutter contre. »

Mes travaux à ce sujet sont probants : pour la majorité des femmes, les émotions négatives – peine ou anxiété – font partie des choses incontrôlables de l'existence. Elles pensent : « On ne peut rien y faire. » Les hommes se sentent plus capables de les maîtriser ; voilà pourquoi ils ruminent moins.

Beaucoup de femmes ont également la fâcheuse manie de faire partager leur *overthinking* à leurs amies, d'en discuter pendant des heures. Elles commentent, analysent, dissèquent à voix haute leurs inquiétudes en ayant l'impression d'être comprises.

C'est le cas de Helen. Elle a trente-huit ans, est célibataire et travaille comme hôtesse d'embarquement dans une grande compagnie aérienne. Frustrée par sa situation professionnelle, elle pense tous les matins à démissionner. Et passe son temps à rêver à ce qu'elle pourrait faire de plus intéressant – voyager, lire… Ses dialogues intérieurs donnent à peu près ceci :

> Je devrais commencer à chercher un autre travail. Mais ça demande une énergie que je n'ai pas. Je ne suis pas motivée. Je me sens nulle. Je n'ai aucune qualification. Je devrais reprendre des études. Mais ça coûte cher.

Je n'ai pas un salaire suffisant, alors comment trouver de l'argent pour les financer ? Et si je prenais un crédit ? Oui, mais avec quelle caution ? Mes parents ? Impossible de leur demander une chose pareille. Ils me font la morale en permanence. Tout ça parce qu'ils ne comprennent pas pourquoi je ne suis pas encore mariée, pourquoi je n'ai pas d'enfants. Ils ont probablement raison – ma vie est un échec. Je suis fatiguée, cette situation me rend malade. J'en ai marre.

Helen est capable de ruminer pendant des heures. Elle ne s'arrête que lorsqu'un événement extérieur – une sonnerie de téléphone, l'arrivée d'un collègue – la ramène à son quotidien. Dès qu'elle se retrouve seule, son *overthinking* reprend de plus belle.

Parfois, elle téléphone à sa copine Betsy car elle sait que cette dernière l'écoute et compatit. Mais après chacune de leurs conversations, elle se sent encore plus mal. À force de prendre part à ses soucis, de lui répondre : « Tu as raison, c'est dur », Betsy finit par la persuader que sa situation est inextricable. Helen ne supporte pas les solutions que lui propose son amie – par exemple, contacter une agence d'emploi. Elle vit cela comme un manque de compréhension. « Rien ne marchera, Betsy devrait le savoir », se dit-elle. Désireuse de protéger leur amitié, Betsy préfère donc se taire, l'écoutant déverser ses rancœurs. À la fin de la journée, Helen n'a plus que la force de rentrer chez elle, de se chauffer un plat surgelé et de s'affaler devant la télé avant d'aller se coucher.

Si les amies peuvent jouer un grand rôle pour briser le cercle vicieux de l'*overthinking* (voir chapitre 4), elles peuvent aussi très facilement l'alimenter. Car plus que les hommes, les femmes ont tendance à penser – à tort – qu'écouter les autres raconter leurs malheurs est une preuve d'affection et de générosité.

Deuxième partie

Comment s'en sortir…

4.

Se libérer

Se libérer de l'*overthinking* n'est pas facile. Cela demande de reprendre confiance en soi, de se détacher de pensées négatives incontrôlables. Mais cette première étape est indispensable.

Dans ce chapitre, je proposerai plusieurs solutions pour vous y aider. Certaines vous parleront, d'autres pas. Essayez-les, adaptez-les à votre situation. Si, malgré tout, vous vous surprenez à penser : « Ça ne marchera pas, je ne suis pas assez motivée », dites-vous bien que ce n'est pas votre propre moi qui s'exprime, mais vos sentiments négatifs. De nombreuses études sur la dépression, pilotées par des psychologues tels que Peter Lewinsohn de l'Institut de Recherche de l'Oregon, ont démontré que pour guérir, il est indispensable de briser le cercle vicieux de l'*overthinking* et de la passivité. En mettant en pratique certaines de ces stratégies, je suis persuadée que vous connaîtrez un formidable soulagement physique et psychologique.

Comprenez que l'*overthinking* n'est pas votre allié

Une crise donne souvent le sentiment d'être plongée dans une réflexion profonde et salutaire. « J'ai enlevé mes lunettes roses, se dit-on, je vois ma vie avec beaucoup de clairvoyance. Je me rends compte à quel point elle est nulle. »

J'ai fait cette constatation lors de mes travaux menés avec Sonja Lyubormirsky de l'Université de Riverside, Californie. Au bout de huit minutes de ruminations négatives, les personnes déprimées avaient l'impression de mieux discerner leurs problèmes, leurs rapports aux autres. « Maintenant, je comprends à quel point mon couple ne fonctionne pas », disaient-elles. « Je sais désormais que je n'aurais jamais de promotion. » « Je suis réaliste, je ne pourrais jamais finir mes études. » Ces *overthinkers* avaient-ils raison ? Non. L'*overthinking* ne vous débarrasse pas de votre « optimisme béat », ne vous fait pas voir la vie plus clairement. Au contraire, il vous donne une vision rétrécie du monde extérieur, vous conduit à ne voir que le côté négatif des choses. Tout vous paraît gris, terne, insurmontable. Vous perdez toute motivation, toute capacité à trouver des solutions.

Ce mirage de clairvoyance est un véritable piège. Vous avez l'impression d'être courageuse, de regarder vos problèmes en face. Vous vous sentez justifiée d'éprouver de la colère ou de la tristesse – « j'ai toutes les raisons d'être furieuse, d'être déprimée », vous dites-vous.

Certes, vous avez *le droit* d'éprouver ces sentiments ! Mais comprenez que l'*overthinking* les attise, allume un incendie qui bientôt échappera à votre contrôle. Avant d'expérimenter les différentes stratégies décrites dans ce chapitre, il faut commencer par prendre conscience que l'*overthinking* n'est pas votre allié. Il vous enlève tout pouvoir sur vos pensées. Il vous ment, vous pousse de façon irrésistible vers l'autodénigrement. Lorsquc vous vous trouvez en pleine « crise », essayez d'abord tout simplement de dire – même à voix haute : « Ruminations, vous me faites du mal. Allez-vous-en ! » Si vous avez des enfants en bas âge, réfléchissez à la façon dont vous leur apprenez à prendre de l'assurance face à leurs copains. Faites la même chose : « Tu m'embêtes, arrête ! » Puis essayez une des techniques ci-dessous :

Faites une pause

La méthode la plus simple consiste à faire une pause dans sa réflexion et à se distraire mentalement. Grâce à l'étude dont j'ai parlé plus haut, j'ai constaté qu'il suffisait d'un instant de distraction de huit minutes pour retrouver sa bonne humeur et briser le cercle des pensées obsessionnelles. Cela aide également à améliorer la qualité de l'analyse et la capacité à trouver des solutions aux problèmes. Alors, même si faire une halte très courte ne vous guérit pas à long terme de votre tendance à ressasser, abusez-en. Cette première étape, à la longue, portera ses fruits.

Janice, une séduisante Afro-Américaine de trente-neuf ans, avait pour habitude de s'asseoir dans la cuisine devant un café, après le départ de ses enfants pour l'école en ruminant sur les nombreux incidents qui émaillaient sa vie. Au bout d'une demi-heure, elle se sentait déprimée, submergée de questions sans réponse. « Comment aider mon fils à avoir de meilleures notes en calcul ? » se disait-elle. « Comment pourrais-je m'occuper longtemps de ma mère handicapée ? »

Elle a fini par comprendre qu'en se consacrant à une tâche domestique, même l'espace de quelques minutes – faire la cuisine, le ménage –, elle parvenait davantage à gérer son stress.

> J'ai un cerveau en ébullition en permanence. Lorsque je me concentre sur quelque chose de concret – faire un gâteau ou du pain – ou me lance dans une activité physique, je suis incapable de me focaliser sur mes problèmes.

Toutes les méthodes, tous les outils capables de vous distraire un instant de vos ruminations sont bons à prendre. Les participants à mon étude vantaient en particulier les mérites de l'exercice physique. Le jogging, le tennis, la natation, par exemple, procurent immédiatement un sentiment de bien-être. C'est comme si cela avait le pouvoir de « vous laver la tête ». Assurez-vous avant de commencer une activité que vous n'avez pas de contre-indications médicales. Les sports qui requièrent complètement votre attention (squash, escalade) seront plus efficaces que les exercices pratiqués machinalement. Les habitués du jogging ont tendance à courir en « pilotage automatique ». Certains avouent même ruminer férocement le long du parcours.

Les activités manuelles (jardinage, peinture, reliure) sont également très efficientes. L'essentiel est de « vous perdre » dans ce que vous faites. Lancez-vous dans quelque chose qui met en pratique vos talents, si possible quelque chose de nouveau. Certaines personnes aiment s'immerger dans un livre ou un film. D'autres trouvent dans le travail une distraction et une valorisation d'eux-mêmes. Partager le jeu de ses enfants, s'occuper d'un animal procure également un soulagement immédiat, redonne le sens des priorités.

Le bénévolat est, à cet égard, une excellente occupation. Donner de son temps dans un refuge pour sans-abri, faire partie d'une association pour l'environnement, aider des personnes âgées permet de relativiser ses propres problèmes. Il est toujours utile de s'intéresser aux gens moins chanceux, de participer à l'action collective.

La moindre minute de distraction vous libère de

l'*overthinking*, aussi nettement que si vous coupiez les lignes téléphoniques entre des maisons du même quartier. Les réseaux de pensées négatives ne sont plus reliés entre eux. Ils ne communiquent plus et ne se nourrissent plus les uns des autres. Bien sûr, il ne faut pas tomber dans l'excès. Passer son temps à s'engager dans l'action peut être préjudiciable. Freud, le premier – suivi en cela par de nombreux psychologues –, a démontré qu'il est malsain de refouler ses pensées négatives en « se perdant » dans une activité incessante et effrénée. Mais mon objectif ici est d'aider celles qui ont, au contraire, une tendance à trop penser et à se laisser submerger par l'anxiété.

Certaines femmes se réfugient dans des activités malsaines, pensant y « noyer » leurs ruminations : la boulimie ou l'abus d'alcool en sont des exemples parfaits. Si manger procure dans l'instant une impression de soulagement, l'effet boomerang est presque instantané. On s'en veut d'avoir cédé aux paquets de gâteaux, on est déprimé de son manque de volonté. C'est pareil avec l'alcool.

Paula a vingt-huit ans. Elle est agent immobilier. Depuis qu'elle a divorcé de Vince voilà deux ans, elle ne parvient plus à contrôler son *overthinking*. Pendant des années, elle et son mari ont travaillé dur pour gagner de quoi s'acheter une maison. Elle espérait également reprendre ses études une fois qu'ils seraient plus à l'aise financièrement. Malheureusement, ce jour n'est jamais arrivé. Vince a dépensé leur argent en « jouets » de luxe : hors-bord, équipements de ski coûteux, matériel de golf, etc. Un jour, elle a découvert qu'il la trompait avec sa meilleure amie. Blessée, elle a demandé le divorce malgré ses supplications et ses excuses. Mais aujourd'hui, elle doute d'avoir bien agi.

> Comment n'ai-je pas vu que Vince me trompait ? C'était tellement évident. Si je n'avais pas été aussi

aveugle, je n'en serais pas là. Je le déteste, il a ruiné ma vie. Nous étions sur le point d'avoir une vie agréable, une belle maison, des enfants. On n'avait pas les moyens de tout s'offrir mais on s'amusait bien. Et aujourd'hui, je n'ai rien. Ni mari, ni famille, ni maison. Jamais je ne pourrai financer mes études. Pourquoi ne pas tenter de me réconcilier avec lui, peut-être pourrait-on rebâtir notre couple ?

Lorsqu'elle est dans cet état d'esprit, Paula aime se servir un verre pour se remonter le moral. Au départ, elle ne buvait que dans la soirée mais très vite, grâce à son emploi du temps flexible, elle s'est autorisée un « remontant » dans la journée. Pourtant, l'alcool ne la détend pas. Elle passe des heures sur son canapé à siroter du vin en pensant à son divorce. Depuis six mois, elle boit de plus en plus, même avant un rendez-vous avec un client. Depuis que l'un d'eux lui a lancé : « Vous avez dû faire un super repas d'affaires », en sentant son haleine chargée, elle s'est mise à la vodka-tonic. Récemment, elle a manqué deux réunions importantes parce qu'elle s'était endormie chez elle. Ses ventes ont diminué de façon catastrophique et son patron l'a remarqué.

Paula est prisonnière à la fois de sa colère, d'un *overthinking* agressif, de la dépression et de l'alcoolisme. Elle est en train de couler. Pour sortir de l'ornière, elle doit cesser de s'en vouloir, digérer l'échec de sa relation avec Vince et accepter l'idée de reconstruire sa vie sans lui. Cependant, elle en sera incapable tant qu'elle comptera sur l'alcool pour « noyer » ses pensées. Non seulement c'est inefficace, mais cela alimente son désespoir.

Levez-vous et bougez

Les distractions les plus efficaces exigent concentration et action. Je l'ai constaté moi-même au cours de mon enquête, en demandant à un panel d'*overthinkers* déprimés de se lever et d'arpenter la pièce et à un autre de se plonger dans une activité sédentaire, derrière une table, par exemple. Le premier groupe de participants était moins dépressif que le deuxième. Pourquoi ? D'abord, parce que l'activité exerce une incidence réelle sur le cerveau – afflux chimiques de substances telles que la sérotonine –, ensuite parce qu'il est plus difficile de réfléchir profondément en s'activant.

Si, au milieu de la nuit, une insomnie vous entraîne dans les ruminations pendant plus d'un quart d'heure, sortez de votre lit et quittez votre chambre. Ne pensez pas qu'en restant allongée quelques minutes de plus, vous parviendrez à vous endormir. Et dites-vous bien que, contrairement aux idées reçues, les réflexions nocturnes ne sont pas porteuses de clairvoyance. Elles n'amènent souvent rien de bon, hormis la peur et l'anxiété. En outre, si vous manquez de sommeil, vous aurez encore plus de mal à affronter vos problèmes. Levez-vous et réfugiez-vous dans un endroit tranquille. L'idéal est de lire quelque chose de facile et d'agréable. Quand vous sentirez la fatigue vous envahir de nouveau, essayez de retourner vous coucher.

Si certains lieux déclenchent en vous une tendance à ruminer, essayez d'en changer l'ordonnance. Par exemple, en entrant dans mon bureau, je me sens souvent dépassée à la vue des piles de papier en désordre sur ma table. J'ai aussitôt l'angoisse de la surcharge de travail qui m'attend. Il me suffit de ranger mes dossiers, de les trier pour reprendre le contrôle. Je ne sais pas si ce soulagement vient du sentiment de maîtriser les choses, de m'activer physiquement ou de modifier l'apparence de mon sanctuaire… Probablement des trois à la fois. Parfois, il suffit simplement de sortir, d'aller se promener, de faire une balade en voiture pour se sentir mieux. La clef, c'est de trouver une activité agréable qui vous permet d'échapper aux stimuli directs de vos pensées.

Rejoignez la « police de la pensée »

Il arrive qu'on soit dans l'incapacité de bouger, de se lever et de se lancer dans une activité physique. Prenons l'exemple de Carolyn, une cadre d'une quarantaine d'années employée dans une société d'investissement de Wall Street. Tandis qu'elle assiste à une réunion mortellement ennuyeuse dirigée par un consultant – qui, à son sens, aligne contre-vérités sur contre-vérités –, elle se prend à repenser à sa dispute de la veille au soir avec Ned, son petit ami. Ils étaient allongés sur le canapé devant un film lorsque Ned s'est tourné vers elle, désireux visiblement de faire l'amour. Gentiment, Carolyn l'a repoussé, disant qu'elle était très fatiguée et qu'elle n'en avait pas envie. Ned s'est mis à bouder. Au lieu de le réconforter, Carolyn l'a accusé d'égoïsme, ce qui fut la goutte d'eau. Une scène a éclaté. Ned a fini par partir en claquant la porte après lui avoir reproché sa frigidité.

Carolyn se met à ressasser cette querelle, la revit phrase après phrase. Elle est en colère mais elle s'inquiète aussi de l'avenir de leur relation. « C'est vrai, se dit-elle, ça fait quinze jours qu'on n'a pas fait l'amour mais franchement, ça ne me disait rien. » Des pensées tournoient dans son esprit. Puis, soudain, elle pense à sa mère qui lui a avoué un jour que sa libido avait presque disparu à l'âge de quarante ans… Est-ce un phénomène héréditaire ? Est-elle en train de devenir frigide comme elle ?

Coincée dans cette réunion qui n'en finit pas, Carolyn n'a aucune porte de sortie. Habituellement, quand elle est prise de ruminations négatives, elle se rend à la salle de sports ou se plonge dans un livre. Mais là, elle ne peut rien faire. Alors, elle hurle intérieurement : « Arrête ! » Son *overthinking* s'interrompt un temps avant de redémarrer en force. Sur une feuille de papier, elle dessine un panneau et y inscrit le mot STOP en lettres capitales avant de chercher autour d'elle un moyen de distraire son attention. Elle décide d'écouter le conférencier et de noter par écrit toutes les erreurs qu'il commet. Sa technique se révèle efficace. Aucune pensée négative à propos de Ned ne vient la troubler jusqu'à la fin de la réunion.

Tout le monde peut mettre un terme à la spirale descendante, créer ses propres « STOP ». Par exemple acheter un petit panneau dans un magasin de jouets, le poser sur son bureau, le glisser dans son portefeuille et le sortir au moment opportun. C'est ce que j'appelle jouer à « la police de la pensée ». On peut également le dessiner, l'afficher au mur. Si le mot « Stop » ne fonctionne pas pour vous, essayez-en d'autres, comme le « Non ! » proféré avec force ou « Suffit ! ». Cherchez le terme le plus susceptible de freiner le tourbillon de vos pensées. Bien sûr, cela n'a un effet positif qu'à très court terme, mais c'est déjà un début.

Ne laissez pas gagner vos pensées

Une fois interrompu – même un court instant – votre *overthinking*, essayez de développer des concepts ou des phrases qui peuvent vous aider à mettre de la distance entre vous et vos inquiétudes. Dans le cas d'un *overthinking* agressif – un conflit avec un proche –, dites-vous par exemple : « Il n'est pas question que je le laisse gagner en accaparant mes pensées » ; « si je me rends malheureuse pour ça, il va triompher ». Prendre du champ avec le conflit qui vous pèse n'est pas une reculade. Vous ne cédez pas aux ordres de l'autre, vous l'empêchez simplement de prendre le contrôle de votre esprit. Ensuite, vous serez beaucoup plus libre de repenser à votre dispute avec sérénité, d'y apporter des solutions.

Prenons le cas de Kate qui vient de recevoir une lettre de sa copropriété, lui intimant l'ordre de ne tondre sa pelouse que du lundi au vendredi entre neuf et dix-sept heures. Voilà quatre ans que, pour des questions d'emploi du temps, elle s'occupe de son jardin le samedi matin vers onze heures. Ce courrier la rend folle de rage. Comment pourrait-elle s'y plier puisqu'elle travaille toute la semaine ? Elle n'a aucune envie de faire appel à une société de services, d'engager de telles dépenses. Des pensées furieuses s'agitent dans son esprit :

> Pourquoi les voisins ne sont-ils pas venus m'en parler avant d'aller se plaindre ? Comment osent-ils décider à ma place du moment où je dois tondre ma pelouse ? Quels salauds ! Ils feraient mieux de s'occuper de leurs affaires au lieu d'aller fouiner dans celles des autres… Eux, ils s'en fichent, ils n'ont pas besoin de travailler.

Certaines de ces réflexions sont probablement assez justes et Kate a raison de les émettre. Mais pas au point de se rendre malade, de ne plus manger ou d'être incapable de se concentrer sur son travail. Pendant des heures, elle imagine les répliques cinglantes qu'elle pourrait assener à ses voisins, la meilleure façon de se venger. Au fur et à mesure que la journée passe, son humeur s'en ressent. Plus rien n'existe que cette lettre et ce problème de voisinage. Elle commence d'abord par crier « Stop » mentalement avant de se dire qu'elle doit combattre cette rage qui la consume. « Ces gens vont triompher si je les laisse envahir mon esprit », se dit-elle. Ce qu'elle veut, c'est retrouver sa liberté de penser. Alors, une idée lui vient. Pourquoi ne pas consulter les statuts de la copropriété afin de voir jusqu'à quel point on peut l'empêcher de tondre sa pelouse un samedi ? Puis, elle appelle un ami avocat qui lui dicte aussitôt un courrier en ces termes : « Après avoir consulté un homme de loi, je vous signale que rien dans vos statuts ne me force à…, etc. » Elle n'a jamais plus eu de nouvelles de la copropriété.

Faites comme Kate. Refusez qu'une situation – quel que soit son degré de gravité – paralyse votre vie. L'important est de ne pas laisser l'*overthinking* prendre le dessus, diriger votre conscience. On ne peut prendre de bonnes décisions qu'avec l'esprit clair.

Programmez-le !

Lorsque vos soucis vous paraissent trop insurmontables, lorsque vous ne parvenez pas à les oublier, tentez de reprendre le contrôle en programmant des « *heures d'*overthinking ». Ainsi, vous n'aurez pas le sentiment désagréable de fuir vos problèmes mais de les affronter à VOTRE rythme, à votre façon. Décidez d'un moment dans la journée où vous pourrez penser à loisir, sans mettre en péril vos autres activités.

Ceux qui pratiquent ce genre de technique vous diront que, lorsque arrive « l'instant programmé », leurs soucis ne leur paraissent plus aussi importants, aussi réels. Dans le feu de la rumination, ils avaient l'impression d'être dévorés, que rien d'autre ne comptait. Ils se sentaient victimes, vaincus, obnubilés par la vengeance, par les échecs. Soudain, quelques heures plus tard, ceux qui leur ont fait du mal leur paraissent moins méchants, plus humains. L'envie de revanche s'est estompée. Programmer l'*overthinking* permet à l'esprit de retrouver son équilibre, d'envisager la situation avec objectivité. Bien sûr, évitez de le faire juste avant d'aller vous coucher. Prévoyez un moment où vous êtes seule ou en compagnie de quelqu'un de confiance, où vous vous sentez bien. Si au cours de ce rendez-vous avec vous-même, vous vous sentez glisser de nouveau dans un tourbillon de pensées frénétiques, faites des pauses ou, dans le pire des cas, faites-vous aider par un confident ou un thérapeute.

Déchargez votre fardeau

Au cours de mes recherches, j'ai constaté avec surprise que près de 40 % des gens interrogés – croyants ou pas – affirmaient se tourner vers la prière ou la méditation afin de rompre avec leur désarroi et leur *overthinking*. Bien que notre époque ait perdu un certain sens des valeurs chrétiennes, beaucoup croient à une entité supérieure, à un guide suprême.

Si l'idée de prière vous rebute, essayez la méditation. C'est une technique fréquemment utilisée, par exemple, pour soigner les gens victimes d'addictions ou de troubles compulsifs. Selon le psychologue Alan Marlatt, de l'Université de Washington, il en existe deux formes : la méditation concentrative et la méditation clairvoyante.

La première consiste à se concentrer intensément sur l'instant présent, sur une phrase ou une image. Aussitôt, votre *overthinking* disparaît naturellement. Relaxez-vous, évacuez les tensions et régulez votre respiration. Le meilleur moyen d'y parvenir est de chercher à *sentir* chaque bouffée d'air qui pénètre ou sort de vos poumons, de vous concentrer sur la sensation de froid quand vous inspirez, de chaud quand vous expirez. Si des pensées pernicieuses atteignent votre esprit, chassez-les en retrouvant lentement l'image ou la phrase du début. Au bout de dix minutes, vous vous sentirez pleinement détendu, physiquement et mentalement.

La deuxième, la méditation clairvoyante, appelée également méditation vigilante par le psychologue anglais John Teasdale du Conseil de Recherche Médical, consiste à prendre conscience *intimement* de chaque pensée, image, idée, sensation physique… à l'instant où elles arrivent. Au lieu de les combattre, acceptez-les tel un observateur détaché. Regardez-les défiler avec bienveillance sans les juger, en vous contentant d'admettre leur présence. Le but de cette technique est d'arriver à une « désidentification mentale », c'est-à-dire à ne plus être contrôlé par ses pensécs. C'est comme si ces dernières étaient extérieures à vous-mêmes, comme si vous pouviez les observer sans passion.

D'après les psychologues Alan Marlatt, John Teasdale et J. Kabat-Zinn, la méditation apporte d'excellents résultats sur les personnes atteintes de graves problèmes psychiques, comme les dépressions sévères, les crises d'angoisse, les névroses compulsives, la boulimie ou la toxicomanie. Elle est également utile à ceux qui souffrent de maladies chroniques ou de problèmes cardiovasculaires. En effet, le simple fait de se relaxer neutralise les tensions du corps et soulage instantanément des sentiments de colère et d'anxiété. Certaines recherches suggèrent qu'en fait, cela modifierait l'équilibre d'activité entre les deux hémisphères du cerveau.

Appuyez-vous sur les autres

Discuter de son *overthinking* avec un proche ou un ami est la méthode la plus communément employée par ceux qui en sont atteints. Dans mon étude, 90 % des personnes interrogées disaient en avoir parlé « fréquemment » ; 57 % « souvent » ou « tout le temps ».

Il est vrai que partager ses pensées négatives avec quelqu'un d'extérieur, digne de confiance, peut permettre de faire le tri, de prendre de la distance, éventuellement de trouver des solutions. Mais ce n'est pas sans danger. Certains proches ont tendance à souffler sur les braises, à gémir avec vous sans vous aider à mettre vos problèmes en perspective. Tout dépend de votre attitude. C'est à vous de demander aux autres un soutien actif, afin de rompre le cercle vicieux.

Terri avait terriblement besoin de s'épancher. Ce matin,

son mari, Joe, lui a dit qu'il voulait divorcer. Bien qu'elle sût que son mariage battait de l'aile depuis plusieurs mois, elle a été dévastée par cette nouvelle. Après avoir vainement tenté de se concentrer sur ses activités de la matinée, elle s'est rendue chez Sue, une fille qu'elle a connue au lycée. Même si elles n'ont pas la même vie (Sue est mère au foyer, Terri expert-comptable), elles sont assez proches sans pourtant être de grandes amies.

En arrivant chez Sue, Terri ne peut se retenir. « Joe demande le divorce, lance-t-elle à peine entrée dans la maison. Que vais-je faire ? Je ne supporte plus la façon dont fonctionne notre couple mais je ne veux pas le perdre. Je n'arrive pas à réfléchir ! Je me sens impuissante ! »

Sue lui propose un café et lui demande de lui raconter calmement la situation en détail. Puis elle lui pose cette question : « À ton avis, quels sont les principaux problèmes entre vous ? » À chaque fois que Terri s'énerve, se reprochant d'« avoir détruit son ménage », gémit sur sa solitude et son impuissance, Sue l'apaise en essayant de s'en tenir à des informations concrètes. Elles parlent ainsi pendant plusieurs heures. À la fin de leur conversation, Terri se sent beaucoup plus assurée, soutenue. Sue l'aide à rédiger une courte lettre à Joe dans laquelle elle jure de tout entreprendre pour sauver leur couple, et à trouver les coordonnées d'un conseiller conjugal. Lorsque Terri quitte le domicile de Sue, elle ne sait pas, bien sûr, si elle parviendra à sauver son mariage mais elle a retrouvé assez de force pour affronter sa journée, et son mari dans la soirée.

Si vous voulez que vos amies vous aident à rompre avec votre *overthinking*, demandez-le-leur directement. Dites-leur : « Je me sens vraiment coincée et je ne sais pas quoi faire. Je voudrais que tu m'aides à y voir clair. J'ai besoin de reprendre le contrôle de ma vie. » Si, après cela, elles continuent d'acquiescer à vos paroles ou se lancent dans le déballage de leurs soucis personnels, n'insistez pas.

Essayez de trouver quelqu'un, comme Sue, capable de gérer son propre stress, de ne pas se laisser submerger par son anxiété.

Écrivez-le

Mettre ses pensées par écrit est également très profitable. En traduisant ses peurs et ses doutes en mots, on les limite et on les structure. Au lieu de tourner frénétiquement dans votre tête, vos problèmes deviennent de simples répères sur une feuille de papier. Cela vous permet de les contrôler – et non plus l'inverse. Pour certaines personnes, écrire est même une façon de se purger le cerveau. Cela procure un immense sentiment de soulagement. C'est exactement ce que ressent Judi, une secrétaire âgée de cinquante ans, qui a trop souvent tendance à se faire du souci pour ses enfants :

> Je laisse sortir toutes mes inquiétudes et je les écris. Ça me permet de les oublier, c'est comme si elles étaient dans les mains de Dieu. J'ai besoin de tomber dans ce geste un peu théâtral pour mieux gérer les choses. J'ai l'impression de découvrir mes sentiments de façon intellectuelle. Ça purge.

Lorsqu'on couche ses pensées négatives sur le papier, on est plus à même de les trier. D'ailleurs, certaines peuvent paraître ridicules, inconsistantes à la relecture. On repère immédiatement celles qui sont importantes. Si vous choisissez de traduire votre *overthinking* en mots, commencez par tout noter, tout ce qui vous vient en tête (vos sentiments d'échec, vos peurs, votre colère...) puis laissez-les et allez faire autre chose. Relisez ce que vous avez rédigé, quelques heures plus tard. Vous verrez que vous serez surprise par l'irrationalité de certaines de vos réflexions.

Cette technique d'« accouchement par l'écrit » est

fréquemment prônée par les psychologues. D'après James Pennebaker, de l'Université d'Austin au Texas, elle améliorerait même notre santé physique et émotionnelle, à condition bien sûr d'avoir rompu au préalable le cercle de l'*overthinking*. Ne vous contentez donc pas de transcrire vos pensées négatives mais mettez-les au défi, voyez celles qui peuvent générer une action ultérieure.

Traquez le bonheur et vivez-le

Au cours de mon étude sur le deuil, je me suis intéressée de près à la façon dont les gens qui assistent un de leurs proches au seuil de la mort géraient leur stress au quotidien. Letitia, par exemple, dont la sœur était en train de mourir d'un cancer du sein, m'a expliqué :

> Chaque jour, je m'offre un petit plaisir. Une chose très simple, comme manger un bonbon. Je me fais un devoir de regarder tous les jours le ciel et d'en remarquer la beauté. Je pense aux souvenirs agréables que j'ai avec ma sœur... à n'mporte quoi de plaisant, histoire de trouver un peu de joie au milieu du cauchemar.

Aujourd'hui, il est scientifiquement prouvé que les émotions positives améliorent notablement le bien-être psychologique et physique. La psychologue Susan Folkman, de l'Université de San Francisco, appelle cela « les stratégies d'émotions positives ». Elle a mené une longue enquête auprès d'homosexuels dont le partenaire était en train de mourir du sida. De façon très nette, ceux qui parvenaient à insuffler dans leurs vies des petites joies quotidiennes voyaient leurs symptômes dépressifs diminuer plus rapidement.

J'ai personnellement mis sur pied quatre sortes de techniques concrètes :

– Je tente de me souvenir des moments positifs passés avec l'être cher.

– Je me remonte le moral en me parlant à moi-même.

– Je cherche les aspects positifs de la situation.

– Je fais usage de mon sens de l'humour.

Les personnes qui affirmaient utiliser activement ces stratégies dépassaient leur chagrin et leur deuil plus rapidement que les autres, quel que soit leur niveau de dépression de départ.

Rechercher le bonheur a également une incidence sur la qualité de la réflexion, sur la capacité à répondre aux défis quotidiens et à prendre des initiatives. À travers certaines études expérimentales, on s'est aperçu qu'en aidant les gens stressés à connaître des instants d'émotions positives (par exemple en leur projetant des films comiques), on faisait pratiquement disparaître tout sentiment d'anxiété. Ces émotions réduisent donc les effets négatifs du stress chronique sur notre système physiologique.

À ce propos, il existe d'ailleurs une enquête fascinante qui tendrait à prouver qu'elles prolongeraient même la durée de vie. On la doit à Deborah Danner, David Snowdon et Wallace Friesen de l'Université du Kentucky. Ces trois chercheurs ont étudié les Mémoires écrits entre 1931 et 1943, par plusieurs religieuses, provenant de deux couvents américains (elles étaient âgées de dix-huit à trente-deux ans). Il est important de préciser qu'elles avaient toutes globalement le même dégré d'éducation, le même accès aux soins et le même statut socio-économique. Puis ils ont relevé toutes les émotions positives exprimées au fil de leurs journaux intimes. Ils se sont aperçus qu'il y avait un lien incontestable entre ce fait et leur longévité. Les religieuses ayant vécu le moins d'émotions positives avaient deux fois et demie plus de risques d'être décédées avant l'an 2000. La plupart étaient mortes dix ans avant celles qui avaient su vivre des émotions positives.

Voici quelques idées pour insuffler du positif dans votre existence :

– Allez chez le coiffeur.
– Faites-vous faire un massage.
– Prenez un bain moussant.
– Jouez avec des enfants en bas âge.
– Regardez un film comique.
– Racontez des blagues.
– Allez vous promener dans un site agréable.
– Regardez les photos des gens que vous aimez.
– Écoutez votre musique préférée – très fort.
– Jouez d’un instrument.

Résumé rapide

Ce tableau vous servira de point de repère pour les différentes stratégies décrites dans le chapitre ci-dessus.

STRATÉGIE	*DESCRIPTION*	*EXEMPLE*
Comprendre que l'*overthinking* n'est pas votre allié.	Admettez que l'*overthinking* ne vous donne pas de clairvoyance mais embrouille votre vision.	Dites-vous : « *Overthinking*, tu n'es pas mon ami. Tu me fais du mal. Va-t'en ! »
Faire une pause.	Ayez des distractions positives pour vous sortir un instant de votre *overthinking*.	Lisez, sortez. Aidez les autres.
Se lever et bouger.	Distrayez-vous avec une activité physique. Abandonnez temporairement les situations qui stimulent votre *overthinking*.	En cas d'*overthinking* nocturne, sortez de votre lit et lisez un livre agréable. Allez vous promener si vous ruminez au bureau.
Rejoindre la « police de la pensée ».	Enjoignez-vous fermement à stopper l'*overthinking*.	Criez-vous « Stop » intérieurement. Mettez un panneau « Stop » sur votre table.
Ne pas laisser gagner ses pensées.	Refusez d'être contrôlée par vos pensées.	Comprenez que les autres gagneront la bataille si vous continuez à ressasser un conflit.
Programmer.	Remettez votre *overthinking* à une heure que vous déciderez.	Dites-vous : « J'attends 18 h pour ressasser afin de pouvoir me concentrer sur mon travail. »

STRATÉGIE	*DESCRIPTION*	*EXEMPLE*
Décharger son fardeau.	Priez ou adoptez la méditation.	Demandez à Dieu de vous aider. Apprenez la méditation pour prendre de la distance avec votre *overthinking*.
S'appuyer sur les autres.	Parlez de vos problèmes avec vos proches.	Cherchez quelqu'un qui maîtrise bien son stress et demandez-lui de vous aider à faire le tri dans vos soucis.
Écrire.	Notez vos pensées.	Faites un journal de bord de votre *overthinking*.
Traquer le bonheur.	Recherchez les activités qui donnent des émotions positives.	Faites-vous masser. Écoutez votre musique préférée. Regardez un film comique.

Ces techniques vous aideront à vous libérer de votre *overthinking* à court terme. Cependant, elles ne solutionneront pas les soucis qui encombrent votre esprit. Pour cela, il faut prendre de la hauteur et attaquer vos problèmes de front. Le chapitre 5 vous aidera à y parvenir.

5.

Prendre de la hauteur

Une fois libérée de l'*overthinking*, il est très tentant de refouler ses soucis, de refuser ce qui rend triste. C'est particulièrement vrai si l'on est du genre à chercher des palliatifs rapides. Mais les problèmes non résolus reviennent nous hanter et aggravent l'*overthinking*. C'est pour cela qu'il ne faut pas perdre de temps. Une fois sortie de la spirale sans fond, il est indispensable d'affronter ses angoisses et de tout mettre en œuvre pour les régler.

Modifiez votre vision des choses

« L'effet loupe déformant » de l'*overthinking* nous empêche de gérer efficacement les difficultés que nous rencontrons. Le point de vue est biaisé. Le seul moyen de s'en sortir est d'arriver à modifier notre vision des choses et nos perspectives. D'abord en nous disant : « J'ai le droit de considérer cette situation comme je l'entends et je vais l'exercer. » Vous verrez qu'en adoptant cette posture, vous aurez déjà l'impression de mieux contrôler les événements et de ne plus être dépendant de vos pensées négatives.

Mais pour cela, il faut un minimum de confiance en soi et de courage. Comment savoir ce qui est juste ? Comment parvenir à ignorer ce que pensent les autres, voire d'en prendre le contre-pied ? Tout le monde n'est pas logé à la même enseigne. Certains ont une autorité naturelle et savent faire comprendre d'emblée leur point de vue. Et les autres ? La confiance en soi et le courage sont comme des muscles. Pour les affermir, il faut les travailler. Si vous refusez qu'on choisisse pour vous, si vous vous en tenez à votre opinion, alors vous parviendrez à construire une force émotionnelle à toute épreuve.

Prenons l'exemple de Lori, une jeune infirmière énergique de trente-huit ans, mère d'un petit garçon de huit ans prénommé Andrew. Depuis sa plus tendre enfance, ce dernier pratique le football avec talent. Lori est ravie de le voir aussi passionné mais le plus important, à ses yeux, est qu'il aime ce sport et ses coéquipiers. Elle-même y a joué lorsqu'elle était au lycée puis à l'université. Un jour, apprenant que le coach de l'équipe va déménager, les autres parents lui demandent de prendre en main l'entraînement des enfants. Lori est réticente, elle estime manquer de pédagogie et déteste attirer l'attention sur elle. Finalement, pour faire plaisir à son fils, elle accepte. Elle suit une courte formation, achète quelques livres et relève le défi. Très vite, son travail se révèle excellent. Les enfants gagnent tous les matchs de leur poule sans perdre le plaisir de jouer. Aux yeux de Lori, ils sont prêts à passer au stade supérieur, à affronter des équipes plus compétitives. Les parents sont partagés : si certains sont impatients de voir leur progéniture affronter de nouveaux défis, d'autres expriment leur réserve. Surtout Mitch, l'un des pères. Effrayé à l'idée que son fils ne soit pas au niveau, il tente de rallier les autres familles à son point de vue. Pour lui, Lori « témoigne d'une ambition démesurée, elle ne croit qu'à la compétition ». Si on la laisse faire, elle ne fera jouer qu'Andrew et se débarrassera des joueurs les plus faibles… Mise au courant de ce qui se trame dans son dos, Lori est bouleversée. Cela l'empêche de dormir pendant plusieurs nuits. Elle rumine encore et encore :

> Comment Mitch ose-t-il dire des choses pareilles ? Il n'en croit pas un mot – Il n'a aucune preuve, pas vrai ? Que dois-je faire ? – Aller le voir ? Je déteste les conflits. Et puis, qu'est-ce que je vais lui dire ? Ses accusations sont tellement ridicules. Je pourrais lui rétorquer qu'il se comporte comme un imbécile, qu'il ne se soucie que de son gamin, qu'il se fiche de l'équipe. Peut-être devrais-je appeler les autres parents et leur raconter ma version des faits ? Mais si j'ai l'air vexé, ça donnera l'impression que Mitch a raison. Que faire ? Il est en train de détruire mon travail, de monter les gens les uns contre les autres…

Au bout d'une semaine, Lori finit par prendre conscience qu'à force de voir des complots partout, elle est en train de « virer à la paranoïa ». Alors elle décide dans un premier temps de mettre le sujet de côté, de n'y réfléchir qu'à un certain moment de la journée. Puis de considérer la situation sous un autre angle, telle qu'elle la ressent au fond. « Je n'ai pas à me sentir victime, se dit-elle. Les accusations de Mitch sont fausses et grotesques. Après tout, s'il ne veut pas que son fils participe aux nouveaux défis de l'équipe, c'est son droit. Les autres le suivront ou pas… Moi, je continuerai à faire ce que j'estime être bon pour les enfants. » Finalement, Lori a suivi son objectif de départ, a fait entrer l'équipe dans la poule supérieure avec le soutien de la plupart des parents.

En programmant son *overthinking* et en desserrant l'étau, Lori a pris de la hauteur par rapport à la situation qui la perturbait. Elle l'a regardée de son propre point de vue au lieu de laisser Mitch lui imposer le sien. Si elle avait continué à laisser ses accusations – et les doutes qu'elles crééaient – formater sa vision, elle aurait probablement ruminé de plus en plus. Par peur du conflit, elle aurait pu abandonner son poste d'entraîneur, cédé aux volontés de Mitch et du coup à la rancœur.

En résumé, Lori a résolu son problème en :

– réservant son *overthinking* à une certaine heure de la journée ;

– décidant activement de ne pas se positionner en tant que victime ;

– refusant de rentrer dans le jeu de Mitch ;

– se basant sur sa propre vision de la situation ;

– décidant de prendre ses responsabilités et d'agir comme bon lui semblait.

Acceptez votre peine et avancez

Nous avons beau évoluer dans une société prônant la culture du nombril, nous passons notre temps à nous sentir coupable de ressentir certaines émotions. C'est un travers typiquement féminin. « Qu'est-ce qui m'autorise à être déprimée ? Pourquoi suis-je tellement anxieuse ? Est-ce bien d'être en colère ? » se dit-on souvent. Nous revendiquons cette liberté mais, malgré les avancées du féminisme, nous doutons d'y avoir réellement droit. Au fond de nous, il y a comme un certain malaise à l'exprimer. Probablement parce que notre inconscient collectif voire notre éducation nous ont appris qu'il n'est pas bien de faire du mal aux autres. C'est pour cela que lorsque nous avons exercé « notre droit à la colère », nous avons tendance à ruminer. À nous en vouloir, à nous auto-justifier. Pour sortir de ce cercle vicieux, il faut d'abord accepter l'idée que rien ni personne ne nous interdit d'éprouver des émotions, mais dans le même temps, comprendre qu'elles n'ont pas à dicter nos actes. On peut être triste, anxieuse ou furieuse, mais on ne doit pas être dominée par ces sentiments. Les réactions épidermiques sont toujours dommageables.

Prenons l'histoire de Rhonda, une femme douce et modeste âgée de cinquante ans qui rédige des manuels scolaires scientifiques. Son ouvrage *General Science* est une référence en la matière. Depuis peu, elle travaille en collaboration étroite avec Hannah, une jeune éditrice, afin de préparer la septième édition révisée de ce livre. Mais rien ne se passe comme d'habitude. Elle a l'impression qu'on lui impose des tâches qui ne lui incombent pas : on la charge de corrections qui ne sont pas de sa responsabilité, on lui demande sans cesse de nouvelles modifications. Après tout, elle est auteur, pas secrétaire ou imprimeur. Lorsque, finalement, Hannah lui demande de retaper la liste de ses sources et son sommaire dans un caractère typographique différent, elle explose. Voilà déjà des mois qu'elle a livré ce travail. Tout refaire va lui prendre des semaines. Un soir, excédée, elle envoie un e-mail à Hannah et vide son sac : « Jamais, dit-elle, en trente ans de carrière, je n'ai vécu une expérience aussi désagréable. Je ne suis pas un larbin. »

Puis elle glisse dans l'*overthinking* :

> Ai-je eu tort de dire ça ? Suis-je arrogante en pensant que ce n'est pas mon travail ? Quel droit ont-ils de me demander de retaper ces références ? Jamais on ne m'a demandé une chose pareille. De toute façon, depuis le début, ils ne savent pas ce qu'ils veulent. Ils sont casse-pieds ! J'aurais dû le dire au directeur éditorial, exiger des excuses. Mais s'il refuse ? S'il me sort plein d'arguments pour justifier son comportement ? Serais-je capable de le convaincre ?

Rhonda tente d'abord de chasser ce torrent de pensées. Mais comme elle n'arrête pas de se dire : « J'ai raison, je ne vois pas pourquoi je dirais que j'ai tort », elle n'y parvient pas. Une fois qu'elle a accepté l'idée qu'elle a le droit d'être en colère, elle se sent capable de réfléchir concrètement à ce qu'elle a fait. Elle comprend que sa réaction excessive envers Hannah n'était pas la meilleure solution. Son objectif est la publication de son livre, pas de se lancer dans un conflit sans fin. Alors, elle cesse de ruminer et prend le taureau par les cornes. Elle envoie un e-mail d'excuse à Hannah en lui expliquant calmement les raisons de son énervement. Le dialogue s'installe avec la jeune éditrice. Cette dernière reconnaît qu'on a trop exigé d'elle et lui promet qu'elle va trouver une solution pour la décharger d'une part du travail.

Si Rhonda avait persisté à s'interroger sur la justesse de sa réaction au lieu d'accepter sa colère, ses relations professionnelles auraient pu en souffrir. En s'autorisant à ressentir ses émotions, elle a pu agir d'une façon honnête et appropriée, complètement en accord avec son objectif de départ : travailler avec Hannah à la parution de son livre.

Simplifiez les choses (du moins au début)

Comme je l'ai déjà expliqué, lorsque nous ruminons, nous avons tendance à voir des problèmes là où il n'y en a pas, à grossir les événements. Les pensées négatives sont d'autant plus fortes que nous sommes bouleversés. Souvent, on ne sait même pas pourquoi, au fond, on est aussi déstabilisé. Il ne nous est rien arrivé de particulier mais à force de ressasser, on se trouve une quantité de bonnes raisons – le travail, l'état de nos relations, la santé…

Les motifs sont en fait parfois très triviaux : on n'a pas assez dormi, on est en période de règles, on a trop bu la veille au soir, etc. Il peut s'agir également d'une explication assez simple : notre patron nous a fait la tête, notre fils a raté son examen. Au lieu de nous contenter de ces réponses évidentes, nous scrutons notre nombril à la recherche de choses dramatiques.

Un conseil : lorsque vous êtes de mauvaise humeur sans raison apparente, cessez d'imaginer le pire. Posez-vous d'abord quelques questions de base : Ai-je passé une bonne nuit ? Est-ce que j'ai faim ? Vais-je bientôt avoir mes règles ? Si vous pouvez répondre oui à une de ces phrases, forcez-vous à interrompre le cours de vos ruminations. Allez faire autre chose, mangez, faites une sieste, détendez-vous. Vos véritables problèmes ne disparaîtront pas, bien sûr, comme par magie. En revanche, ceux provoqués par votre *overthinking* s'évanouiront vite. Ou du moins vous paraîtront insignifiants.

Arrêtez de vous comparer

Nous avons toutes la fâcheuse tendance à nous comparer aux autres. Ce travers nous est inculqué dès notre plus tendre enfance. Beaucoup de parents passent leur temps à établir des comparaisons entre leurs enfants : celui-ci est plus sensible, celui-là plus ouvert, etc. La compétition commence dès l'école élémentaire et se poursuit tout au long de la scolarité. Nous apprenons vite à nous juger par rapport au monde extérieur, à mesurer nos compétences, nos mérites. Dans la vie professionnelle, notre statut dans l'entreprise, le niveau de notre salaire sont autant de critères d'évaluation.

La psychologue Sonja Lyubomirsky de l'Université de Riverside, Californie, a réalisé récemment une enquête passionnante sur les comparaisons sociales. Son objectif était de prouver que plus on est déprimé, plus on a tendance à se comparer à autrui. Pour cela, elle a demandé à un certain nombre d'étudiants de résoudre des devinettes. Après les avoir notés un par un, elle a donné les résultats à voix haute. Les élèves « malheureux » étaient *plus tristes* lorsqu'ils avaient reçu une *excellente* évaluation – mais pas la meilleure – que lorsqu'ils surpassaient leurs camarades avec une note inférieure. En d'autres termes, l'opinion qu'ils avaient d'eux dépendait davantage des autres que de la façon dont ils s'étaient sortis du test.

Les gens bien dans leur peau ne fonctionnent pas ainsi, ils se jugent en fonction de critères personnels. S'ils parviennent à les atteindre, ils sont satisfaits. Dans le cas inverse, ils mettent tout en œuvre pour améliorer leur performance.

Comment faire pour cesser de se comparer ? Ce n'est pas facile, la société nous oblige à entrer dans le moule. La culture du « Tout nous est dû » nous pousse sans cesse à obtenir ce que nous n'avons pas – et que les autres ont. « Pourquoi celui-ci s'en sort-il mieux que moi ? » se dit-on. Les valeurs et les images véhiculées par les médias sont autant de répères pervertis qui nous bloquent dans notre estime de soi. On veut ressembler à tel acteur, tel mannequin… Si, lorsque vous ruminez, vous vous surprenez à vous comparer, arrêtez-vous et demandez-vous : « Est-ce que ça a vraiment de l'importance ? Ne puis-je pas me satisfaire de ce que j'ai ? Qu'importe si lui ou elle possède ce que je n'ai pas. Quels sont mes vrais objectifs ? »

N'attendez pas d'être sauvée

Il n'y a qu'au cinéma que les belles héroïnes sont sauvées in extremis par un héros valeureux et séduisant. Dans la vie réelle cela n'arrive pas souvent. Certaines femmes vivent des situations compliquées – difficultés financières, maltraitances psychologiques ou physiques, solitude. D'autres – et elles sont nombreuses – se sentent prisonnières de forces invisibles, d'un sentiment diffus de médiocrité, d'ennui, de regrets, de frustrations. Elles abritent inconsciemment le fantasme d'être tirée de leur existence monotone par le prince charmant ou par un brusque sursaut du destin. Alors, elles ruminent, réfléchissent, s'inquiètent. « Et si seulement... » se disent-elles.

> Si je pouvais perdre quelques kilos, je trouverai un petit ami. Si je changeais de travail, je serais plus épanouie. Si je rencontrais un homme... Si le téléphone pouvait sonner...

Attendre d'être sauvée est la meilleure façon de prolonger votre malheur. Vous n'avez qu'une alternative : apprendre à apprécier votre situation ou la changer. Si vous faites partie de celles qui vivent au quotidien harcèlement ou oppression, il est capital d'en prendre conscience et de changer d'existence. Une assistante sociale, un avocat, un médecin peuvent vous y aider. Mais, pitié, n'attendez pas que l'on vous secoure malgré vous ! Pour les autres, celles qui ont le sentiment de ne pas mener une existence conforme à leurs attentes, l'éventail des choix est plus nombreux. À mon sens, apprendre à apprécier ce que l'on a est la démarche la plus adulte. Malheureusement, on a souvent envie de tout bouleverser, de dénicher rapidement des remèdes. On croit que trouver un nouveau travail, changer de mari, avoir un autre enfant est la meilleure façon de s'en sortir. Il faut être réaliste. Le changement radical n'est pas toujours la meilleure solution. Et ça ne fait pas forcément grandir.

Si votre situation professionnelle vous ennuie, cherchez les façons de vous remotiver plutôt que de démissionner. Si votre relation amoureuse vous paraît morne, examinez votre propre comportement afin de la rendre plus passionnante plutôt que d'aller voir ailleurs. Si votre vie de famille ne vous satisfait plus, ne croyez pas qu'une nouvelle grossesse la rendra plus excitante. Resserrez vos liens au moyen d'activités en commun. Par contre, si vous avez vraiment le sentiment que vous pouvez améliorer votre vie en changeant deux ou trois éléments, n'hésitez pas. Prenez le temps d'y réfléchir et appuyez-vous sur les stratégies ci-dessous.

Donnez libre cours à vos pensées

Lorsque vous êtes face à des problèmes concrets, commencez par donner libre cours à vos idées en les écrivant sur une feuille de papier, en les enregistrant, en les notant dans votre ordinateur ou en en parlant à un ami, peu importe… L'essentiel est de les évacuer, de les laisser vivre. Ensuite, vous pourrez les étudier une par une et peser le pour et le contre.

Doreen a quarante-trois ans. Assistante sociale du comté de Los Angeles, elle passe la majeure partie de son temps à aider les autres et adore son travail. À la fin de la journée, elle est souvent partagée entre la colère et la compassion : colère contre les paresseux qui attendent d'être sauvés malgré eux ; compassion pour les malheureux broyés par l'injustice.

Bien qu'elle fasse son possible pour ne pas ramener ses soucis à la maison, le soir elle est souvent irritable. À plusieurs reprises, elle s'est emportée contre son mari, Franck, ou ses deux enfants pour des choses triviales. Elle a conscience que son stress la rend invivable et qu'elle n'arrive pas à se maîtriser. Alors, elle a établi une liste d'actions possibles :

1) Quitter mon travail.
2) Prendre un mi-temps.
3) Rendre mes enfants moins irritants.
4) Demander à Franck de mieux contrôler les gamins.
5) Trouver un travail moins stressant.
6) Trouver un moyen d'évacuer mon stress avant de rentrer à la maison.

Puis elle évalue ces propositions, une par une. Comme

les deux premières sont impossibles à envisager (son salaire est indispensable pour faire vivre la famille), elle saute d'autorité à la cinquième. Elle a aperçu récemment dans le journal plusieurs annonces pour des postes de directeurs de magasins. Mais au fond, elle ne se voit pas changer de métier. Cela lui serait trop douloureux. Même si son travail d'assistante sociale est parfois frustrant, elle éprouve une immense satisfaction à l'idée d'aider son prochain. Profondément croyante, elle est persuadée d'être sur Terre pour soulager les plus malheureux. Les solutions 3 ou 4 ne lui paraissent pas non plus réalistes. Pourtant, elle y a souvent songé dans ses périodes d'*overthinking*. Elle avait tendance à se dire : « Je travaille tellement dur pour les autres et pour nourrir ma famille, pourquoi ne m'offre-t-on pas en retour un peu de paix et de calme ? Ces gosses ne font aucun effort. Il n'y a aucune discipline dans cette maison. »

Mais depuis qu'elle a desserré l'étau de ses pensées négatives et qu'elle a pris de la hauteur, Doreen a compris que le véritable problème ne venait pas de Franck ou des enfants. Alors la solution 6 ? Oui, mais comment la mettre en œuvre ? Son trajet en voiture, le soir, ne lui permet pas de se détendre. Prise dans la circulation, elle écoute une radio d'informations continues où l'on discute en boucle d'affaires de corruption, de petits jeux politiciens, de déficit budgétaire, de gabegie financière... Tout pour la convaincre que le monde marche sur la tête...

Elle décide alors de se confier à Franck. Peut-être pourra-t-il l'aider à trouver une solution ? Heureux de constater qu'elle a entrepris de changer d'attitude, ce dernier lui propose quelques idées : écouter de la musique douce en rentrant à la maison, quitter le bureau un peu plus tôt. Ils conviennent également entre eux d'un code à utiliser au moindre dérapage. Dès que Franck la trouvera irritable à l'excès, il prononcera le mot choisi et Doreen ira faire le tour du pâté de maisons pour se détendre.

Recentrez-vous sur l'essentiel

L'*overthinking* se focalise sur des détails – « il a dit, elle a dit, j'aurais dû dire, etc. ». Lorsque nous ressassons, nous sommes incapables de considérer une situation dans son ensemble. Doreen, par exemple, aurait pu se perdre dans une quête stérile, à savoir chercher le responsable de son stress : Est-ce son fils qui a allumé sa Nintendo alors qu'elle voulait regarder un match de base-ball ou Franck qui a oublié de faire dîner les enfants ? Heureusement, elle a choisi de se recentrer sur l'essentiel, à savoir ses désirs les plus profonds : aider son prochain, vivre en accord avec ses convictions religieuses. Cela lui a permis d'avoir l'esprit clair pour chercher des solutions. Nous n'avons pas toutes une foi solide pour nous guider mais nous possédons toutes certaines valeurs personnelles. Ce sont elles qui peuvent nous aider à trouver des repères, à gérer les difficultés que nous rencontrons. Une fois que l'on a réussi à briser le cercle de l'*overthinking*, qu'on a pris de la hauteur, on est en mesure de s'y connecter, de les affirmer. Comment y parvenir ? D'abord en prenant le temps de se retrouver soi-même, de se poser les bonnes questions comme : « Qu'est-ce qui est réellement important pour moi ? Pour quelles raisons ? Qu'est-ce que j'aimerais qu'on dise de moi ? Quel est le souvenir que je voudrais laisser, après ma mort ? »

Pensez aux personnes que vous admirez – pas aux stars de cinéma ou aux gens riches et célèbres mais à celles qui ont mené un combat en faveur des autres, de l'environnement, de l'art. Quelles valeurs incarnent-elles ? Lisez leurs biographies pour comprendre leurs motivations. Si vous êtes tentée par l'idée d'intégrer un groupe spirituel ou religieux, faites attention. Refusez les valeurs qu'on vous présente sur un plateau. Cherchez celles qui résonnent en vous, qui vous touchent par leur vérité, celles sur lesquelles vous souhaitez baser votre vie.

Faites un premier pas vers l'action

Il ne suffit pas toujours d'avoir trouvé une solution, parfois la mettre en pratique peut paraître insurmontable. L'urgence que nous ressentons nous paralyse souvent. Le mieux dans ces cas-là est de se concentrer sur un détail, facilement réalisable. Faire un premier pas peut aider considérablement à interrompre la spirale de l'*overthinking*. Après tout, comme on dit, les petits ruisseaux font les grandes rivières.

Lorsque Charlene a été mise au chômage technique dans son usine de construction automobile, elle s'est sentie désemparée. Ses chances de retrouver son travail étaient minces et l'activité économique de sa région était essentiellement axée sur la haute technologie. À cinquante-cinq ans, sans qualification, elle ne se voyait pas réussir dans une nouvelle branche. Pendant plusieurs jours, elle a ruminé sur l'injustice de son sort. (« Pourquoi m'a-t-on licenciée après trente-cinq ans de bons et loyaux services ? Les employés plus jeunes ont de la chance, ils retrouveront un emploi... ») Incapable de se concentrer sur une quelconque activité, elle s'est enfermée chez elle devant la télé, s'empiffrant de sodas et de bonbons. Puis elle s'est reprise. Décidée à tenter n'importe quoi, elle a consulté le site Internet de la chambre de commerce. À sa grande surprise, elle y a trouvé un article vantant les formations en informatique proposées par l'université de sa ville. Sans véritablement nourrir d'espoirs, elle a cependant pris des renseignements. Finalement, elle s'est aperçue qu'il existait un programme spécial à destination des seniors sans emploi. Elle a retrouvé le moral.

Faire un premier pas dans l'action permet d'entrebâiller la porte. Cela « débloque » votre sentiment d'impuissance. C'est une petite victoire qui ne demande qu'à grandir. L'énergie et la motivation qu'on en tire permettent de tenir le coup face aux nouveaux blocages qui pourraient survenir.

Accepter les incertitudes

Il existe un autre facteur propice à l'*overthinking* : notre besoin de certitudes. Avant de nous lancer dans l'action, nous avons tendance à vouloir être sûres que ce que nous ferons sera efficace. J'ai vérifié cela au cours d'un test réalisé auprès de mes étudiants – des *overthinkers* chroniques et des *non-overthinkers*. Je leur ai proposé un problème concret à résoudre, ainsi formulé : « Quelles solutions envisageriez-vous pour pallier le manque de logements sur notre campus universitaire ? » Tous ont fait des propositions. Mais les *overthinkers* doutaient davantage de la qualité de leurs idées. Ils étaient plus réticents à les dévoiler, à s'investir. Ils n'en finissaient pas de répéter qu'il leur fallait du temps pour réfléchir, davantage d'informations, etc. Les *non-overthinkers* assumaient l'éventualité d'un échec. Cependant, ils préféraient « agir plutôt que de ne rien tenter ».

L'histoire de Sarah prouve à quel point l'indécision peut être paralysante. Depuis que sa mère, âgée de quatre-vingt-deux ans, s'est cassé le col du fémur, sa vie est complètement perturbée. Elle doit trouver une solution pratique pour l'aider dans son quotidien. Heureusement, elle a une sœur, Joyce, mais toutes les deux ont toujours eu une approche différente de la vie. Prudente et méthodique, Sarah déteste l'imprévu alors que Joyce est plus excentrique. Par peur de l'ennui, cette dernière a d'ailleurs choisi d'être guide touristique. La première arbore des tenues classiques, l'autre des coiffures en pétard, de toutes les couleurs. Depuis leur enfance, elles ont du mal à se supporter. Pour la première fois de leur vie, elles doivent prendre une décision en commun. Elles en ont discuté à plusieurs reprises au téléphone, mais à chaque fois finissent par se disputer, s'envoyant au visage les rancœurs accumulées au fil des années.

Après chaque conversation, Sarah passe en revue pendant des heures les paroles de sa sœur. Elle est furieuse :

> Joyce est totalement insensible. Pourquoi m'a-t-elle dit une chose pareille ? Cela m'a complètement retournée.

Avant chaque nouveau coup de fil, elle répète mentalement ce qu'elle va lui dire, comment elle va s'y prendre pour lui faire entendre raison. Mais au fur et à mesure elle finit par perdre pied. Elle se sent de plus incapable d'affronter Joyce.

> Et si je n'arrive pas à lui exprimer le fond de ma pensée ? Et si elle se met à hurler ?

Pendant plusieurs jours, elle tergiverse, incapable de décrocher son téléphone. Elle se sent coupable de ne pas avoir encore réglé le problème de sa mère. Finalement, elle se persuade qu'elle doit faire quelque chose – au risque de s'aliéner encore davantage sa sœur. Elle écrit sur une feuille tout ce qu'elle a envie de dire en s'efforçant d'élever le débat, de dépasser ses traumatismes d'enfant, de se concentrer sur un seul but : aider sa maman. Elle répète son discours à voix haute devant une glace. À chaque fois qu'une de ses idées lui paraît confuse, elle la corrige, gomme tout ce qui pourrait faire naître le conflit. Enfin prête, elle prend rendez-vous avec Joyce et suit à la lettre son scénario. À sa grande surprise, sa sœur semble soulagée de la voir arriver avec des solutions concrètes. Toutes deux se séparent en souriant.

Si Sarah n'était pas parvenue à s'accommoder des incertitudes, elle serait probablement encore en train de ruminer son dilemne avec Joyce. En perdant de vue son premier objectif : améliorer le quotidien de sa mère.

Limitez vos attentes

Monica est une jeune femme de vingt-sept ans, vive et énergique. Originaire du Guatemala dont elle a émigré enfant avec ses parents, elle a poursuivi une brillante scolarité et travaille actuellement comme assistante d'un professeur dans l'un des plus prestigieux département de sociologie des États-Unis. Pour en arriver là, elle a dû financer elle-même sa formation (avec des jobs de serveuse) et obtenir plusieurs bourses.

Heureuse d'avoir atteint son objectif, elle prend un grand plaisir à aider les étudiants qui semblent l'apprécier beaucoup. Elle s'est également liée d'amitié avec Belinda, une élève de quatrième année, qui lui a demandé d'être sa « conseillère d'études ».

Pourtant, depuis quelques semaines, les relations entre elles sont tendues. Belinda n'a fait aucune des lectures préliminaires inscrites au programme, préférant profiter d'un voyage à prix réduit pour Saint Thomas. Monica ne comprend pas une telle attitude : on est à la mi-semestre et il ne reste que quelques semaines avant la remise des thèses. Consciente de ses responsabilités, elle suggère fortement à Belinda de se mettre au travail. Vexée, cette dernière se fâche. « Vous êtes aussi rabat-joie que le doyen de la faculté, lui dit-elle, si je vous écoutais, je n'aurais plus aucune vie... »

Au cours des semaines suivantes, tandis que Belinda accumule retards et excuses, Monica glisse progressivement dans l'*overthinking.*

> Pourquoi Belinda sabote-t-elle ainsi son avenir ? Pourquoi suis-je incapable de la motiver ? Comment vais-je pouvoir travailler avec des étudiants de troisième cycle ? Suis-je réellement obsédée par la compétition comme elle le dit ? Est-ce vrai que je ne pense qu'au

travail ? Je ne veux pas devenir une maniaque du boulot. Mais pourquoi ne se rend-elle pas compte de l'importance des échéances qui l'attendent ?

Heureusement, Monica décide de se confier à Ellen, une professeur d'une quarantaine d'années, chaleureuse et serviable. Elle lui expose ses doutes, son incompréhension devant l'attitude de Belinda, sa culpabilité aussi.

« La plupart des étudiants ne sont pas comme vous, lui répond Helen. Je ne parle pas simplement d'intelligence. Beaucoup ne comprennent pas que cela ne suffit pas – il faut également de la constance, une véritable volonté d'apprendre, de bénéficier de l'expérience de ses aînés. Vous avez toutes ces qualités. Belinda, non… Peut-être ne les aura-t-elle jamais. »

Ses paroles ont aidé Monica à comprendre qu'elle ne pourrait pas aider Belinda malgré elle.

L'*overthinking* agressif se manifeste souvent par une incompréhension des agissements des autres. « Comment mon fils a-t-il pu voter à gauche alors que nous votons à droite depuis plusieurs générations ? », « Comment mon employeur ose-t-il me demander de falsifier ce formulaire ? »

Il faut souvent admettre la vérité nue : certaines personnes ne fonctionnent pas comme nous. Accepter cet état de fait est le passeport d'une forme de liberté. Il ne faut pas trop attendre d'autrui.

Pardonnez

« Comment peut-il me faire une chose pareille ? » Voilà une des questions les plus fréquentes chez les *overthinkers*. Ils s'indignent, cherchent à comprendre comment on a osé leur faire du tort… Cette quête est stérile. Si nous avions la capacité de lire dans l'âme et le cœur de ceux qui nous ont blessés, il est probable que notre douleur s'estomperait. Car on saurait pourquoi ils ont agi ainsi. C'est finalement le but de la psychothérapie. En analysant son passé, on finit par comprendre comment on s'est construit, les motivations réelles des autres. Bien sûr, cela ne suffit pas toujours à faire disparaître la souffrance.

À la suite d'une analyse, Fran, par exemple, sait enfin que si son père la battait, c'est parce qu'il était alcoolique. Mais « cette découverte » ne règle en rien son *overthinking*.

> Pourquoi n'a-t-il pas cherché à se faire aider, à guérir ? Pourquoi cela m'est-il arrivé ? Pourquoi à moi ? Comment pourrais-je jamais oublier ça ?

Fran n'a pu sortir de sa détresse – et de ses pensées négatives – qu'en pardonnant à son père. Sans contester le fait qu'il avait eu un comportement condamnable et injustifiable, elle a su dépasser son traumatisme, l'accepter et vivre avec.

Notre société actuelle ne favorise pas le pardon. Obsédés par cette notion du « Tout nous est dû » qui envahit notre vie quotidienne, nous estimons avoir le droit de nous venger de ceux qui nous ont causé du tort. Or, pardonner signifie abandonner toute idée de revanche. C'est d'autant plus difficile que nous avons souvent été élevés dans l'idée de ne rien céder, de nous défendre envers et contre tout. De nous faire respecter.

Bien sûr, pardonner ne veut pas dire justifier les actions répréhensibles, ni les trouver acceptables. Les coupables doivent être « punis », c'est un fait. Non, « pardonner signifie briser l'étau dans lequel la colère et la haine enferment notre cœur et notre esprit » (Michael MCullough de l'Université Southern Methodist).

Il faut également savoir se pardonner à soi-même. Nous passons trop de temps à ruminer nos sentiments de honte et de culpabilité. La société nous oblige sans cesse à nous excuser, à nous sentir contrits. La rapidité de la vie, ses difficultés nous culpabilisent quoi que l'on fasse.

> Comment ai-je pu parler ainsi à mon enfant ? Suis-je en train de le traumatiser en travaillant à plein temps ? Mon travail me prend tellement de temps que je n'ai pas le loisir de voir mes parents. Et s'ils meurent ? Ai-je le droit de partir en vacances en les abandonnant ?

Si comprendre les raisons de vos actes peut vous aider à ne pas commettre la même erreur dans l'avenir, cela ne suffira pas à vous soulager. Vous avez beau savoir *pourquoi* vous avez crié contre votre fils, *pourquoi* il est indispensable que vous travailliez, vous continuerez dans le même temps de vous sentir coupable de votre débordement, de votre manque de disponibilité. C'est là qu'intervient le pardon. En l'accueillant, vous vous donnez la possibilité d'entrer dans l'action, de vous libérer. Vous êtes en mesure de « réparer ». D'empêcher par exemple vos soucis professionnels d'envahir votre foyer, d'équilibrer votre temps de loisir auprès de vos parents. Vous n'êtes plus en colère contre ceux qui vous font culpabiliser.

D'après les psychologues Charlotte VanOyen Witvliet, Thomas Ludwig et Kelly Vander Laan du Hope College, le pardon serait également bénéfique pour la santé. Pour le vérifier, ils ont demandé à un panel de participants de s'imaginer victimes d'une offense ou d'une maltraitance particulière. Puis ils ont confié à un premier groupe, choisi au hasard, la mission d'écrire une lettre à leur bourreau en essayant de comprendre ses motivations, en lui pardonnant. Le deuxième avait la tâche inverse : inventer un discours haineux, plein de rancœurs et de désirs de vengeance. Pendant le temps de l'expérience, les trois chercheurs ont mesuré les réactions physiologiques – les symptômes de stress – des participants. Résultat, les battements cardiaques, la tension artérielle et le pouls des membres du deuxième groupe étaient nettement plus élevés que ceux du premier. Cela a permis de démontrer que l'excitation physique provoquait une hyperactivité cardiovasculaire et une baisse des défenses immunitaires.

À l'inverse, les travaux de Carl Thoreson, de l'Université de Stanford, ont permis de prouver que les victimes d'infarctus pouvaient améliorer leur condition physique et leurs problèmes coronariens en se débarrassant de leur tempérament sanguin et en refusant les manifestations de colère.

Écoutez votre voix intérieure

Sans nous en rendre compte, nous sommes en permanence soumises aux diktats et aux conseils des autres. Et nombre de nos problèmes viennent de ce que nous les écoutons trop. La voix que nous entendons n'est pas toujours la nôtre, même si elle paraît exprimer nos sentiments ou nos pensées. « Tu devrais parler davantage et cesser d'être aussi timide. » « Tu n'y arriveras jamais si tu ne perds pas quelques kilos. » Qui dit cela ? Est-ce nous ou le poids de notre éducation, les divers jugements amassés au fil des années ?

Les femmes ont particulièrement tendance à se laisser dicter leur conduite par le monde extérieur. On leur demande d'être douces, aimables, attentionnées envers leurs proches. Aussi, quand elles sont bouleversées, elles sont enclines à penser : « Qu'ai-je fait de mal ? Comment puis-je arranger cette situation ? » Elles se mettent en quatre pour rendre heureux leurs partenaires, leurs enfants, leurs collègues. Elles se libèrent de ces pesanteurs et recommencent. Le psychiatre David Burns de l'Université de Stanford appelle cela « la tyrannie des “Tu devrais” ».

« Tu devrais être une meilleure mère. Tu devrais être

plus séduisante. Tu devrais poursuivre tes études. Tu ne devrais pas regarder la télé. Tu ne devrais pas prendre une journée de repos pour faire des courses… »

Comment sortir des ruminations de « Tu devrais ? » Première étape : lorsque vous vous surprenez à dire une telle phrase, arrêtez-vous et demandez-vous d'où vient cette voix ? Qui vous interdit de prendre une journée de repos ? Votre père qui vous pousse à travailler sans vous en savoir gré ? Qui vous dit d'être plus séduisante ? Les firmes cosmétiques qui cherchent à vous vendre des remèdes miracles contre la vieillesse ? Qui vous intime l'ordre de poursuivre vos études ? Votre frère qui ne pense qu'à la réussite sociale ?

Il n'est pas toujours facile d'identifier ces voix. Elles sont parfois si enracinées en nous qu'elles font partie de notre personnalité. La psychothérapie peut vous y aider mais c'est un travail de longue haleine. Pour commencer, tentez de les tenir à distance, défiez-les et choisissez celles que vous avez envie d'écouter.

Résumé rapide

Voilà un rapide survol des stratégies développées dans le chapitre ci-dessus.

STRATÉGIE	*DESCRIPTION*	*EXEMPLE*
Modifier sa vision des choses.	Regardez votre situation sous une autre perspective.	Marie a refusé de se laisser démoraliser par les critiques injustes de son patron. Elle a compris qu'il était de mauvaise humeur depuis son divorce.
Accepter sa peine.	Acceptez vos émotions négatives mais ne vous laissez pas diriger par elles.	Brenda a accepté l'idée d'être déprimée à cause de son licenciement mais a juré de se remettre à chercher du travail.
Simplifier les choses.	Cherchez les raisons évidentes à votre désarroi.	Carla a été tentée de chercher des raisons profondes à son anxiété avant de comprendre qu'elle était en période de menstruation.
Arrêter de se comparer.	Essayez de ne pas vous juger en fonction de ce que font les autres ou de ce qu'ils ont.	Willa Jean a décidé qu'au lieu de comparer ses revenus à ceux de sa sœur, elle déterminerait quel salaire lui paraissait le plus approprié à son travail.
Ne pas attendre d'être sauvée.	Plutôt que d'attendre des changements venant de l'extérieur, transformez votre situation ou acceptez-la.	Aisha a cessé de compter sur un hypothétique mariage pour améliorer ses finances. Elle a repris ses études.

STRATÉGIE	*DESCRIPTION*	*EXEMPLE*
Donner libre cours à ses pensées.	Notez toutes les solutions possibles à votre problème.	Aisha a d'abord listé les différentes façons d'accroître ses revenus avant de décider de reprendre ses études.
Se recentrer sur l'essentiel.	Retrouvez les valeurs profondes qui vous animent..	Patti s'est demandée comment sa grand-mère qu'elle respectait énormément aurait réglé ses problèmes conjugaux.
Faire un premier pas vers l'action.	Faites une démarche, même petite, pour commencer à régler vos problèmes.	Stevie a pris RV chez un thérapeute familial pour parler des difficultés scolaires de son fils.
Accepter les incertitudes.	Avancez malgré votre indécision.	Paula a commencé le nouveau régime prescrit par son docteur bien qu'elle doute de son efficacité.
Limiter ses attentes.	Comprenez que les autres ne partagent pas toujours vos valeurs ou vos standards.	Gilda a accepté que sa fille ne sera jamais aussi bonne qu'elle en maths.
Pardonner.	Essayez de pardonner à ceux qui vous ont fait du tort afin d'éviter de ressasser les offenses subies.	Nicole a pardonné à sa mère sa distance et sa froideur et a renoncé à vouloir la changer.
Écouter sa voix intérieure.	Sachez admettre que votre *overthinking* est provoqué par les paroles des autres. Par ceux qui vous disent ce qu'il faut ressentir ou penser.	Quand Vonda s'entend dire qu'elle devrait faire quelque chose, elle se demande : « Qui dit ça ? » « Est-ce ce que **moi**, je veux ? »

6.

Éviter les futurs pièges

La vie quotidienne nous offre en permanence de nouveaux défis à relever, de nouvelles difficultés à affronter. Même si l'on a fait taire ses doutes et ses inquiétudes, on n'est jamais à l'abri de les voir resurgir au premier obstacle : un conflit professionnel, une dispute avec un ami, la mort d'un proche. La petite voix intérieure, perturbante, revient avec une acuité accrue. Et l'on glisse de nouveau dans la spirale sans fond. Comment s'en sortir ?

Limitez les risques

Chacun d'entre nous a ses propres fragilités, ses sources intimes de doutes intérieurs. Pour certains, cela peut être les rapports avec les autres. Du coup, le moindre conflit provoque un accès de ruminations. Pour d'autres, le talon d'Achille, c'est la réussite professionnelle, alors la moindre difficulté passagère les entraîne au fond du gouffre. S'il est difficile d'éviter ses points faibles, on peut toujours structurer sa vie afin de réduire les risques apportés par le quotidien : échecs, déceptions, querelles.

Diplômée en biologie, Marla est technicienne dans le laboratoire de recherche d'une grande société pharmaceutique depuis huit ans. Elle a trente-trois ans. Passionnée par son métier, elle est également très appréciée de ses collègues. Récemment, on lui a proposé une promotion, de plus grandes responsabilités et un meilleur salaire. Cependant, elle n'est pas sûre d'être un bon chef. Bien qu'elle sache parfaitement discuter avec les chercheurs de son labo, mener à terme une expérimentation et défendre ses opinions avec force, elle sait que diriger une équipe veut dire évaluer les compétences des autres, négocier les salaires – sujet hautement conflictuel. Marla est terrorisée par le moindre conflit. Rien que d'imaginer devoir gérer des problèmes humains, elle en est malade. Elle redoute également de devoir se battre avec sa direction à propos d'enveloppes financières.

La DRH lui a donné quinze jours pour réfléchir à la proposition. Pendant deux semaines, Marla rumine. Que faire ? Accepter au risque d'aller au-devant d'un échec ? Refuser ?

Finalement, convaincue que prendre ce poste la rendra malheureuse et provoquera chez elle des poussées permanentes d'*overthinking*, elle repousse l'offre. Parfois, il vaut mieux éviter les situations qui vous poussent à ruminer. Il faut peser le pour et le contre, mesurer les bénéfices réels qu'elles peuvent vous amener au lieu de vous jeter tête baissée dans ce qui vous minera le moral au quotidien.

Bouchez les trous

Marla avait-elle une autre solution que de refuser cette promotion ? Il est un peu dommage de penser qu'elle a tourné le dos à de nouvelles responsabilités, à un meilleur salaire, par peur d'être incapable de gérer une équipe. Elle aurait pu suivre une formation, apprendre les techniques du management. Cela l'aurait rassurée et elle aurait pu obtenir ce qu'elle voulait : à la fois le poste et la sérénité.

Débarrassé de son *overthinking* et avec un peu de hauteur, on est en mesure de comprendre clairement ses faiblesses et de les éliminer. Cela implique souvent de demander de l'aide à des spécialistes. Dans le cadre professionnel, on peut suivre une formation, acquérir un nouveau diplôme ; dans un domaine plus personnel, s'adresser à un thérapeute qui vous apprendra, par exemple, à contrôler votre boulimie, votre autoritarisme, vos accès de colère. Ou voir un conseiller conjugal si vos inquiétudes concernent votre vie de couple.

Pour éviter de rechuter, l'important est de mettre ses projets à exécution, d'accepter le soutien des autres. Il ne faut pas se contenter de palliatifs. Même si vous avez desserré l'étau de vos pensées négatives, ne croyez pas que cela sera suffisant. Les problèmes chroniques reviendront. Non, il faut « boucher les trous » : travailler sur ses faiblesses.

Abandonnez les mauvais objectifs

Certains d'entre nous ont, depuis l'enfance, des objectifs qui leur tiennent à cœur mais qui, hélas, ne leur apportent que souffrance et frustration. Parfois, ces derniers les définissent tellement qu'ils n'en ont même plus conscience. Pourtant, lorsqu'ils sont sources de chagrin, il faut savoir s'en débarrasser.

Lorsque j'étais assistante d'un professeur de Stanford, je vivais avec mon mari sur le campus étudiant. J'y ai rencontré de nombreux jeunes élèves persuadés de devenir de brillants physiciens ou médecins. Ils refusaient d'envisager la possibilité de faire autre chose ou d'explorer les nombreuses filières que leur offrait l'Université. Non, pour eux, c'était médecine ou rien. Forcément, ils ont vécu la première année de biologie et de physique comme un choc. La moitié a échoué et ceux qui sont parvenus à obtenir leurs diplômes n'en étaient pas heureux pour autant. Finalement, beaucoup ont été forcés d'abandonner leurs illusions et de choisir d'autres carrières. La plupart ne faisaient que répondre à la volonté de leur famille.

Je me souviens surtout de l'histoire de Trin, une belle jeune fille d'origine vietnamienne. Le jour de son arrivée, dans le dortoir, elle a lancé à la cantonnade qu'elle deviendrait neurologue. C'était son rêve de toujours, depuis le jour où elle avait été brièvement l'assistante de recherche d'un neurochirurgien de sa ville natale. La détermination qu'on lisait dans ses yeux était si farouche que personne d'entre nous n'a osé lui dire que son avenir n'était pas écrit.

Trin tirait sa force de caractère de son passé, des douloureux événements qu'elle avait vécus. Sa famille faisait partie de ces boat people qui avaient fui le joug communiste dans les années 1970. En compagnie de ses six frères, tous plus âgés, elle avait pris la mer avec ses parents au péril de leur vie. Arrivée aux États-Unis, la famille avait erré de camp de réfugiés en camp de réfugiés avant d'atterrir finalement dans la région du Midwest. Lentement, ils avaient reconstruit leur vie. Son père était devenu concierge, puis vendeur avant de prendre la direction d'un magasin. Dès son plus jeune âge, Trin montra une intelligence précoce mais, étant la seule fille, elle devait se battre pour attirer l'attention et le respect paternels. Puis elle fut admise à Stanford. Son rêve était de devenir quelqu'un d'important : un médecin célèbre, internationalement respecté pour son travail et, peut-être, un jour chercheur dans une grande université. Pour elle il s'agissait d'un choix de carrière rationnel, basé sur ses capacités et ses centres d'intérêt. Elle ne discernait pas, derrière ce fantasme, sa quête d'amour de la part de son père.

Ses premières années à Stanford se passèrent sans anicroche. Intelligente, travailleuse, Trin était toujours la première de sa classe. Pourtant, ceux qui la connaissaient bien doutaient de son envie de réussir. Elle ne semblait pas animée par la passion. Les seules fois où son regard s'éclairait, c'était lors des séances de poésie improvisées par les étudiants dans les dortoirs ou de conférences sur l'histoire des États-Unis. Quand elle n'obtenait pas la meilleure note à un examen, elle partait se coucher en s'abandonnant à l'*overthinking*.

> Comment ai-je pu être aussi stupide ? Pourquoi n'ai-je pas relu le chapitre sur la physique quantique ? Je me laisse distraire – si je veux travailler dans le calme, je dois déménager, quitter cette chambre. M'installer à l'autre bout du campus, loin du bruit et de l'agitation. Mais je serais obligée de faire ma cuisine, ça me prendra du temps sur mes révisions.

La tragédie la frappa en troisième année. En rentrant du travail, son père se tua dans un accident de voiture. En apprenant la nouvelle, Trin resta abasourdie de chagrin comme tout enfant qui voit son univers s'écrouler d'un seul coup. Mais chez elle, ce fut le début d'une lente dérive. Sans prévenir, elle quitta l'université et s'enferma dans l'appartement de son petit ami, passant ses journées à regarder par la fenêtre.

Je la revis, un jour par hasard, six mois après ce drame. Elle était plus menue que jamais et avait coupé ses cheveux. Mais je fus surtout frappée par ses yeux. Son regard froid et déterminé avait disparu. À la place de sa volonté farouche, on y lisait une douceur, une profondeur nouvelles, comme lorsque, à la fac, elle écoutait de la musique classique ou lisait de la poésie. Je m'enquis de ce qui lui était arrivé :

« Pendant deux mois, j'ai touché le fond, m'a-t-elle répondu. Heureusement, Sean (son petit ami) m'a aidée à garder la tête hors de l'eau. J'ai parfois pensé à me suicider. Je n'arrêtais pas de voir mon père, de l'entendre. Il tentait de me dire quelque chose mais je ne comprenais pas ; j'étais si terrifiée. Je croyais devenir folle. (À cet instant, ses larmes coulèrent en silence sur ses joues.) Puis, il y a plusieurs semaines, pendant mon sommeil, je l'ai entendu m'appeler : “Trin, Trin, ma fille, écoute-moi. Suis ton cœur. Suis ton cœur.” Je ne sais pas si c'était un rêve mais je l'ai entendu. Il disait : “Suis ton cœur.” Qu'est-ce que ça voulait dire ? Je suis restée éveillée toute la nuit, à écouter sa voix, à l'interroger. Mais je n'ai rien entendu de plus.

« J'ai marché pendant des heures dans la colline. La voix de mon père s'était tue. C'était comme s'il m'avait délivré son message et qu'il était parti. Je voulais qu'il revienne, lui poser des questions. Mais cette attitude lui ressemblait bien. Il était du genre à dire les choses une seule fois. Qu'y avait-il dans mon cœur ? Je n'arrêtais pas de me le demander. Je n'ai trouvé qu'une réponse : “Ce n'est pas la médecine. La médecine n'est pas dans mon cœur.” Au début, j'ai douté. J'avais cette vocation depuis toujours. Je suis douée. J'aurais pu faire un brillant médecin. Je me suis sentie d'abord vide, malheureuse, et soudain, j'ai ressenti un incroyable soulagement. C'était comme si la corde qui me ligotait depuis des années s'était dénouée. Mon père l'avait enlevée. Pourtant, ce n'est pas lui qui m'avait attachée. C'était mon désir de lui plaire. Je pensais qu'il attendait ça de moi. Maintenant qu'il est parti, mes raisons de poursuivre ma médecine ont disparu. »

J'avais toujours perçu Trin comme une jeune femme mûre, mais je restais bouche bée devant sa nouvelle maturité et sa clairvoyance.

« Alors, qu'allez-vous faire ? demandai-je.

– Je ne le sais pas encore. Je vais retourner à la fac. Je me suis inscrite en lettres, à la consternation de ma famille. Mais je pense avoir trouvé ma voie. »

Trin quitta Stanford quelques années plus tard avec une licence et une maîtrise de littérature américaine. Sa grande force avait été d'abandonner un objectif qui n'était pas vraiment le sien mais qui guidait toute sa vie. Certes, elle aurait pu devenir médecin mais parce que cela « n'était pas dans son cœur », elle n'aurait jamais été heureuse.

La principale raison à l'*overthinking* chronique vient de notre incapacité à nous débarrasser d'objectifs impossibles ou malsains. Parce qu'ils nous définissent intimement, parce qu'ils sont sources d'autovalorisation. Nous nous créons ces « contingences » obligatoires afin d'être en paix avec nous-mêmes. Par exemple, atteindre un certain niveau de salaire ou ressembler aux mannequins des magazines. Mais lorsque nous ne parvenons pas à atteindre ces buts fixés, nous sombrons dans une forme d'autodestruction. Pensez aux femmes déjà minces qui s'affament au point de mettre leur santé en danger ! Il a d'ailleurs été démontré que celles qui cherchent à maigrir de façon obsessionnelle ont paradoxalement plus tendance à tomber dans la boulimie.

D'autres abritent en elles l'image d'Épinal d'un mariage de conte de fées. Elles se sont toujours imaginées mariées, épanouies, mères de charmants enfants. Lorsque leur couple bat de l'aile, elles ruminent :

> Je dois sauver mon mariage. Si je perds du poids, je plairai de nouveau à Jerry. Rien de ce que je fais ne semble le rendre heureux. Il me trompe, je le sais. Que vais-je faire s'il me quitte ? Je ne peux pas supporter cette idée.

Les femmes s'accrochent souvent désespérément à l'idée illusoire de rendre tout le monde heureux autour d'elles. Du coup, lorsqu'un proche ou un ami est bouleversé, elles ont tendance à partager sa peine, à chercher à le calmer et… elles ressassent. Le moindre petit conflit, même avec le vendeur d'un magasin, les déstabilisent. Il faut absolument se débarrasser de cet objectif. Il est impossible de ne jamais faire souffrir les autres. À trop le vouloir, c'est nous-mêmes que l'on rend malheureuses.

Nous sommes parfois également prisonnières de buts qui masquent des problèmes plus importants. C'est le cas des femmes qui cherchent à sauver leur mariage parce qu'elles sont dépendantes financièrement et qu'elles ont des enfants à élever. Qui conservent leur travail qu'elles détestent pourtant parce qu'elles n'ont pas de qualifications et qu'elles ont une maison à payer.

Comment savoir si nos objectifs sont *sains* ? D'abord, comme dans le cas de Trin, ils doivent venir de nous et non pas de la famille ou de l'extérieur. Si vous avez l'impression d'obéir à « la tyrannie des “Tu devrais” » (voir chapitre 5), demandez-vous ce que, profondément, *vous*, vous voulez… Ensuite, ils doivent être réalisables et réalistes. Ne cherchez pas à entrer dans une taille 34 si vous avez toujours été ronde, à changer la personnalité de votre mère, à ne jamais faire de peine à votre conjoint. Ça, c'est le meilleur moyen de tomber dans l'*overthinking*. Contentez-vous de simplifier vos objectifs. Essayez une taille 38, arrangez-vous pour éviter les tête-à-tête prolongés avec votre mère, apprenez que les conflits conjugaux sont inévitables et souvent indispensables.

Les psychologues Paul et Margret Baltes du Max Planck Institute et de la Frei University de Berlin ont démontré que la clef d'une vieillesse réussie résidait dans la capacité d'« adapter ses objectifs à la réalité ». Les personnes âgées les plus heureuses sont celles qui ont su « accepter les changements inévitables ». Ainsi, ce jogger de haut niveau incapable de courir à cause de problèmes d'articulation, qui s'est tourné vers une activité physique moins violente ou ce jardinier passionné qui se contente de planter des fleurs sur son balcon… Il n'est pas question, bien sûr, d'abandonner un de ses buts de toujours, simplement parce qu'on s'est laissé dire qu'il était irréalisable. Beaucoup de gens ont tendance à oublier leurs rêves parce qu'ils écoutent trop les autres. Non, c'est à vous de discerner ce qui est possible ou pas. Et éventuellement de vous faire aider dans cette quête par un thérapeute ou un ami digne de confiance.

Enfin, essayez de déterminer les contradictions existant entre vos différents objectifs. Et résolvez votre conflit. Les femmes actives qui ont des enfants connaissent bien ce genre de souci. Elles veulent à la fois poursuivre leur carrière tout en élevant correctement leur progéniture. Plus elles cherchent à solutionner un des problèmes, plus l'autre paraît insoluble.

Alors elles ruminent :

> Je ne serai jamais titularisée si je ne travaille pas davantage. J'ai l'impression de n'avoir jamais assez de temps. Cette semaine, j'ai perdu deux jours à cause de l'otite d'Alex. Comment puis-je être aussi dure avec mon fils ? Il était là, malheureux, il avait mal et je ne pensais qu'à ma présentation de la semaine prochaine. Je ne me consacre pas assez à lui. Et quand je le fais, je suis distraite et fatiguée. Je vais rater ses plus belles années.

Certaines femmes choisissent alors de laisser tomber les objectifs qui leur tenaient à cœur, simplement parce qu'ils sont en contradiction avec d'autres. Exemple, décider de ne pas avoir d'enfants pour poursuivre sa carrière ou l'inverse. Mais lorsque cela s'accompagne d'une frustration ou d'un sentiment de sacrifice, c'est extrêmement destructeur. On rumine ses regrets, les jugements et les opinions des autres :

> Je pensais vouloir être une maman à plein temps. Mais je ne suis pas sûre d'avoir pris la bonne décision. Je ne me sens pas très à l'aise dans ce rôle. J'ai du mal à m'occuper d'eux toute la journée, à participer à leurs jeux. Ma sœur m'a dit que j'étais folle d'abandonner ce travail de management à la naissance du bébé. Aujourd'hui, elle

me parle moins. Elle doit penser que je n'ai rien à raconter, que ma vie est dépourvue d'intérêt.

Sortir de la contradiction entre deux objectifs ne suffit pas toujours à calmer les ruminations. C'est pour cela qu'il vaut mieux tenter de les mener de front, même plus modestement. Par exemple, si vous souhaitez à la fois devenir professeur dans une université et être une bonne maman, abandonnez l'idée d'intégrer la meilleure faculté du pays et contentez-vous d'une école plus simple, moins exigeante. Ou cessez de rêver d'avoir quatre enfants comme votre mère. Limitez-vous à un ou deux.

Enfin, recherchez le succès au lieu de vous contenter d'éviter les échecs. Certaines études, pratiquées auprès d'enfants d'une dizaine d'années, ont révélé que ceux qui visaient d'emblée la réussite étaient plus créatifs, aventureux et rebondissaient mieux après une désillusion. Les autres, les craintifs, avaient tendance à se cantonner à des tâches déjà connues au lieu de relever de nouveaux défis. Du coup, ils se décourageaient, s'en voulaient et ruminaient à la moindre difficulté. Se contenter d'objectifs trop modestes, c'est donner de l'importance à chaque faux pas.

> Je n'arrive pas à croire que j'aie pu postuler pour ce poste de direction. J'aurais dû savoir que je n'avais pas la moindre chance. Je devrais me contenter de mon travail même si je le déteste. Au moins, il m'apporte la sécurité. Mon patron doit avoir une sacrée opinion de moi, maintenant ! Je lui ai prouvé à quel point je suis moins qualifiée que les autres. Si ça se trouve, j'ai mis mon avenir professionnel en péril.

Soyez gentille avec vous

Comme je l'ai expliqué dans le chapitre 4, cultiver activement les émotions positives procure des bénéfices à court et long termes. Outre les distractions que cela amène, ce processus nous aide à mieux supporter les obstacles que nous rencontrons.

Prenons le cas de Debbie. Cette jeune femme au foyer de vingt-neuf ans a été élevée par une mère aigrie, extrêmement critique. Depuis toujours, Debbie s'est juré de ne pas faire subir cela à ses propres enfants. Pourtant, tout au long de sa grossesse, elle s'est inquiétée de sa capacité à être une bonne maman. Depuis la naissance de Thomas – un ravissant bébé épanoui –, elle s'affole au moindre problème, telle une poussée dentaire.

> Je n'arrive à rien. Ma mère me l'avait bien dit. Avec moi, Thomas va devenir complètement névrosé. Pourquoi ai-je une mère aussi horrible ? Pourquoi ne m'a-t-elle pas abandonnée ? Si j'avais été adoptée, j'aurais sans doute plus confiance en moi ? Elle m'a massacrée.

Le jour du premier anniversaire de Thomas, elle décide qu'elle en a assez d'être malheureuse. Elle se dit qu'elle ne peut pas continuer à surveiller son fils comme du lait sur le feu, à se flageller à la première difficulté. Au lieu de surfer sur ses faiblesses, elle choisit de s'appuyer sur sa force de caractère. Dans un premier temps, elle desserre l'étau de ses pensées négatives en parlant à sa sœur aînée, Patty, qui est parvenue à prendre de la distance émotionnelle avec leur mère. Patty l'écoute avec compassion et lui fait comprendre que sa détresse ne vient pas de sa capacité à être maman mais qu'elle est le résultat de son enfance traumatique. Elle l'encourage à se lancer dans une activité qui la distrairait de ses tâches domestiques. Se sentant encouragée, Debbie s'inscrit dans un club de tennis et dans un cours de sculpture.

Bien qu'elle ait réussi à dominer ses peurs, elle sait cependant que le risque est grand de retomber dans l'*overthinking*. Alors, elle se prend en main. D'abord, elle liste les différentes choses qui pourraient la distraire quand elle se sentira « replonger » – jouer au tennis, appeler Patty... – puis libère ses pensées sur papier.

> Mon sentiment d'insécurité n'a rien à voir avec moi. Ma mère ne changera jamais, je n'obtiendrai pas sa reconnaissance. Je dois la prendre comme elle est. C'est normal que je sois un peu perdue quand Thomas a un problème, mais l'essentiel est de faire de mon mieux.

À chaque fois qu'elle se sent plus fragile, elle sort sa liste et se livre à une activité qui lui fait du bien. Peu à peu, sa vie devient plus positive. Elle a retrouvé l'estime d'elle-même.

Contrairement à Debbie, n'attendez pas d'être désespérée et prisonnière de pensées négatives pour insuffler des émotions positives dans votre existence. Allez vous promener, faites de la méditation, n'importe quoi qui vous redonne le moral. Si votre quotidien est particulièrement routinier et monotone, essayez de dégager quelques minutes par jour rien que pour *vous*. C'est capital. Au fur et à mesure, vous aurez l'impression de mieux contrôler les choses, d'être plus créative et surtout de pouvoir plus clairement réfléchir aux changements que vous pourriez apporter à votre vie pour la rendre moins stressante.

Trouvez votre propre histoire

Souvent, nous ruminons parce que nous cherchons à comprendre notre propre histoire : D'où vient-on ? Pourquoi en est-on arrivé là ? Pourquoi avons-nous cette personnalité ?

Les femmes, plus que les hommes, ont besoin de ce type d'explications – de « récit », diraient les psychologues. C'est d'autant plus vrai quand leur vie ne se déroule pas comme elles le souhaiteraient. Par exemple, elles s'interrogent sur ce qu'elles ont pu faire pour que leur fils se drogue, pour ne jamais aimer leurs patrons, pour être incapables de vivre une relation stable…

Pour surmonter ses problèmes, il faut en connaître les causes. Mais c'est à double tranchant. Car chercher sans fin des explications conduit inexorablement à l'*overthinking*. Ruminer sans jamais trouver de réponse satisfaisante est une véritable torture. J'ai fait ce constat au cours de mon étude sur le deuil. Les personnes qui n'arrivaient pas à solutionner la question « Pourquoi est-il mort ? » restaient plus longtemps déprimées que les autres. Au contraire, celles qui parvenaient à trouver une justification à l'événement cessaient de ressasser. Peu importait ce à quoi elles se raccrochaient – cela pouvait être existentiel (« On vit et on meurt. C'est la vie »), religieux (« Dieu l'a rappelé à Lui ») ou scientifique (« Elle fumait trois paquets de cigarettes par jour. Elle a eu un cancer du poumon »).

Donc, si vous voulez combattre votre *overthinking* à long terme, cherchez à résoudre vos « Pourquoi » les plus intimes. « Mais c'est ce que je fais tout le temps », me direz-vous ! Dans ce cas, il peut être utile de consulter un thérapeute. Toutes les formes de psychothérapie ont ceci en commun qu'elles nous fournissent une trame, un moyen de comprendre notre vie et nos sentiments. Mais certaines sont plus spécifiques. Les méthodes cognitives, par exemple, nous aident à identifier les processus psychologiques biaisés qui gouvernent nos émotions et nos comportements.

De nos jours, nombreux sont ceux également qui se tournent vers la science pour comprendre leur histoire. Les notions d'hérédité, de facteurs génétiques ou biochimiques sont très à la mode. On aurait même tendance à expliquer de plus en plus les troubles psychologiques par ce biais-là. Personnellement, je suis assez sceptique. Je pense que ces explications contentent surtout notre besoin de palliatifs.

Qui n'a jamais entendu des phrases du genre : « Si mon fils boit trop, c'est sûrement parce que mon oncle Sid était alcoolique. Il a hérité de ses gênes », « Si je suis déprimée, c'est probablement parce que c'est génétique dans ma famille ». Ces affirmations sont parfois vraies mais souvent trop faciles : elles nous évitent d'affronter nos problèmes.

Beaucoup de domaines peuvent nous aider à trouver notre histoire : la religion traditionnelle ou autre, le savoir, la lecture, les travaux de recherche. Le fait simplement parfois de parler avec un ami ou un proche nous apporte des réponses. On s'aperçoit que la personne qu'on a en face de soi partage les mêmes anxiétés, se cherche aussi, sans nous l'avoir jamais dit. Les réponses qu'elle a trouvées peuvent nous mettre sur la piste, coller avec notre propre expérience.

Au fond, peu importe « le récit » que vous adopterez. Rien n'est jamais aussi simple qu'on le voudrait. Nous pourrons toujours trouver des clefs du passé, des indices, cela ne suffira pas à tout expliquer. L'être humain est d'une rare complexité physiologique et psychologique et les systèmes sociaux dans lesquels il évolue le sont encore davantage. Comme l'a écrit l'écrivain E.B. White, « il n'y a aucune limite à la complexité des choses, car un élément en entraîne toujours un autre ». Alors, ne vous limitez pas à une explication. Si vous avez le sentiment que vos tendances dépressives sont chez vous biologiques et si après avoir suivi un long traitement d'antidépresseurs elles n'ont pas disparu, pensez éventuellement à consulter un psychothérapeute.

Élargissez votre image de vous-même

L'*overthinking* se manifeste surtout dans les domaines qui sont les plus importants à nos yeux, qui sont représentatifs de l'image que nous nous faisons de nous-même. Forcément, lorsqu'on a tendance à ne se définir et à ne se positionner par rapport à l'extérieur que dans un seul rôle – comme mère ou femme active –, on est encore plus vulnérable. Il suffit de la moindre anicroche dans ce secteur de notre vie pour que nous perdions pied. Notre image personnelle est complètement ébranlée. Nous n'avons rien d'autre à quoi nous raccrocher. Aucune autre source d'estime et personne vers qui quêter un soulagement et un soutien.

Sheila pensait avoir réalisé tous ses rêves. À trente et un ans, elle était mariée à un grand avocat, avait deux magnifiques enfants et une jolie maison dans un quartier résidentiel d'une grande ville du Sud. Avant d'épouser Dale, elle avait travaillé un temps comme directrice de marketing dans une petite société de logiciels, mais à la naissance de sa fille Christine avait choisi de devenir mère au foyer. Dix-huit mois plus tard, elle mettait au monde Mark, un joli poupon aux yeux bleus. Dale travaillait beaucoup et Sheila ne le voyait essentiellement que tard le soir et le week-end. En quittant son travail, elle avait perdu tout contact social. De toute façon, Mark et Christine l'accaparaient trop pour qu'elle ait le temps de se faire des amis. Parfois, elle se sentait un peu seule, un sentiment qu'elle évacuait en se réfugiant auprès de ses enfants. Mais lorsqu'elle les regardait jouer dans le parc, elle se prenait à penser :

> Est-ce que je fais tout ce qu'il faut pour eux ? Peut-être devrais-je les inscrire en maternelle ? Il paraît que cela favorise la réussite scolaire. Mais j'ai envie de les avoir avec moi. Que ferais-je s'ils vont à l'école ? Je peux leur apprendre à lire. Oui, mais c'est important qu'ils aient

des contacts avec les autres. Les amener au parc n'est peut-être pas suffisant. Ma mère ne m'a jamais mise au jardin d'enfants. Peut-être est-ce pour ça que je suis si timide ? Si j'étais moins sauvage, je pourrais peut-être trouver des copains de jeux à mes enfants ?

Quand Christine eut trois ans, Sheila la conduisit chez le pédiatre pour une visite de contrôle. Son univers paisible vola en éclats. Après avoir détecté un souffle au cœur chez la petite fille, le docteur s'aperçut qu'elle avait également une tension trop élevée et exigea un rendez-vous chez un cardiologue. En rentrant chez elle, Sheila était comme folle :

Qu'est-ce que ça veut dire ? Qu'est-ce qu'a mon bébé ? Pourquoi n'a-t-on jamais rien découvert avant ? Pourquoi n'ai-je rien remarqué ? Que va faire le cardiologue ? Oh, je ne supporte pas cette situation.

Comme à son habitude, Dale rentra vers vingt et une heures. Malade d'inquiétude, Sheila lui reprocha amèrement son retard. « Tu n'es jamais là quand j'ai besoin de toi », lui cria-t-elle avant de lui raconter sa visite chez le médecin. Dale essaya de la réconforter mais Sheila était incapable de l'entendre. Elle passa la nuit éveillée, à ruminer ses inquiétudes.

Et si Mark avait également un problème et qu'on ne l'ait pas encore diagnostiqué ? Je n'arrive pas à comprendre comment je ne me suis aperçue de rien. Quel genre de mère suis-je donc ? Ne pas voir que le cœur de mon bébé fonctionne mal ! Dois-je insister pour que Mark rencontre également un cardiologue ? Est-ce une maladie génétique ? Qui en est responsable ? Moi ou Dale ? Non, il n'y a pas de maladie cardiaque dans la famille. Et s'ils veulent opérer Christine ? Je ne le supporterai pas. L'idée qu'on l'ouvre en deux m'est odieuse... Elle va avoir si mal...

Le lendemain, Sheila était exténuée. Au cours des deux semaines précédant son rendez-vous chez le spécialiste, elle continua de se torturer, cherchant des responsabilités, s'angoissant pour l'avenir. Enfin, elle rencontra le cardiologue. Elle était dans un tel état de stress que lorsque ce dernier confirma le souffle au cœur tout en lui précisant que cela n'avait rien d'alarmant, elle parvint à peine à l'entendre. Les images de Christine allongée sur la table d'opération tournoyaient dans sa tête. Ce ne fut que lorsque le médecin lui affirma que sa fille avait une tension normale qu'elle revint à la réalité. Légèrement calmée, elle prit un nouveau rendez-vous pour deux mois plus tard. Mais sur le chemin du retour, son *overthinking* reprit le dessus.

> Dois-je prendre un deuxième avis ? Que m'a-t-il dit exactement ? Faut-il que je le rappelle pour vérifier ce que j'ai entendu ? Ai-je bien compris ? A-t-il dit que ce n'était pas grave ? Que dois-je faire ?

Finalement, prise de panique, elle téléphona à sa mère et avant que cette dernière ait eu le temps de lui dire bonjour, elle lui exposa en vrac ses récentes visites médicales, ses inquiétudes concernant l'état de santé de sa fille.

« Calme-toi, lui répondit sa mère. Cesse de te mettre martel en tête. Recommence lentement depuis le début. » Sheila obéit et lui répéta lentement les paroles du cardiologue. « Tu vois, c'est encourageant, rétorqua sa mère. C'est un médecin très compétent, il travaille dans le meilleur hôpital de la région. Tu dois lui faire confiance. » Puis elle ajouta : « Pourquoi ne m'as-tu pas parlé de ça avant ? Tu t'isoles avec tes soucis. Enfermée dans ta belle maison, tu as perdu tout sens des perspectives. Les gens qui t'aiment ont envie de t'aider. Tu devrais sortir plus souvent, rencontrer du monde au lieu de rester toute la journée en compagnie de tes enfants. Fais attention, à force de te replier sur toi-même, tu ne parviendras pas à gérer la situation si Christine a effectivement un problème. »

Dans un premier temps, Sheila fut furieuse de ce discours. Mais en raccrochant, elle réalisa que sa mère avait raison. À part Dale et les petits, elle n'avait personne à qui parler. Elle s'était contentée d'évoluer dans l'image d'une mère parfaite et la seule idée que Christine puisse être malade l'avait fait voler en éclats. Elle avait besoin d'avoir des amis, de prendre de la distance avec ses enfants, de vivre un peu pour elle. Elle ne devait pas simplement être une maman...

Si, comme Sheila, votre vie ne tourne qu'autour d'une seule image de vous-même, d'un seul rôle, il est temps d'évoluer et de trouver de nouvelles sources d'estime de vous. Cela ne veut pas dire se lancer à corps perdu dans des douzaines d'activités, cela signifie trouver de quoi concentrer votre énergie et vos potentiels. Développez vos dons artistiques (en faisant de la poterie, par exemple), rencontrez du monde (par le bénévolat) ou rejoignez une association humanitaire. L'important est de ne pas se limiter à une seule fonction, de combler les besoins profonds qui sommeillent en vous. Ainsi, lorsque vous rencontrerez une difficulté, votre vie ne sera pas complètement déstabilisée. Les nouvelles images de vous-même que vous aurez développées vous aideront à traverser ce cap difficile.

Cherchez de nouveaux amis

Il faut savoir parfois mettre un terme à une amitié préjudiciable ou du moins agrandir son cercle de relations. Si vos amies nourrissent votre *overthinking* au lieu de vous aider à le combattre, si vous avez le sentiment d'être « une épaule » sur laquelle les gens viennent pleurer pour soulager leurs fardeaux, n'hésitez pas. Les amies généreuses qui sont incapables de vous écouter parce qu'elles sont elles-mêmes trop submergées par leurs soucis ne vous font aucun bien. Si vous faites partie de ces personnes dites « fortes » auxquelles on refuse en permanence la moindre faiblesse, sachez prendre un peu de distance pour vous protéger. Vos angoisses apparaissent aux autres comme une menace. On ne vous supporte pas fragile ou démoralisée. Du coup, on nie vos inquiétudes : « Oh toi, tu t'en sortiras », vous répond-on.

N'oubliez jamais que « le malheur aime la compagnie ». Les amies qui se racontent leurs déprimes tombent facilement dans un *overthinking* de groupe destructeur.

Changez l'image que vous vous faites de vous-même

C'est presque une évidence de dire que le manque de confiance en soi est une source de ruminations. Lorsqu'on n'est pas sûre de ce que l'on vaut dans un domaine précis, (professionnel, amoureux), on trouve largement matière à ressasser. On se focalise sur le passé, on s'en veut de ses erreurs, on s'interroge sur ses motivations. L'image que nous avons de nous-mêmes est tellement fragile, balbutiante, qu'elle nourrit notre propre anxiété. On en vient à éviter les situations qui pourraient nous conduire à l'échec.

Prenons l'exemple de Sonia, une jeune pianiste de dix-huit ans, d'origine russe. Depuis son enfance, elle rêve d'être concertiste et a été formée par les meilleurs professeurs de Moscou. À l'âge de seize ans, elle a émigré avec sa famille aux États-Unis et, en quelques mois, a réussi à se faire un nom. Cependant, elle a la réputation d'être imprévisible. Il arrive que certains soirs elle joue sa partition de façon brillante, avec une étonnante maturité, mais qu'à d'autres moments, sans raison, elle trébuche sur un morceau. Inexplicablement, elle est capable, selon les jours, soit de se reprendre, soit d'accumuler les fausses notes ou même de quitter son piano en pleurant. Son anxiété avant chaque concert est devenue telle que sa mère doit la pousser littéralement sur scène.

Peu avant la représentation, Sonia est en fait toujours envahie par la même image de cauchemar. Elle se voit, assise devant son clavier, scrutée par des milliers d'yeux, incapable de jouer. La plupart du temps, elle parvient à chasser cette vision avant le début de la représentation en se concentrant sur ses mains. Mais à la moindre erreur, sa vision la submerge de nouveau.

Réticent à l'idée de lui réserver de nouveaux concerts, son agent la supplie d'aller consulter un psychothérapeute new-yorkais, spécialisé dans les troubles compulsifs des artistes. Ce dernier fait deux constatations immédiates. Selon lui, les problèmes de Sonia sont liés à la pression psychologique que sa mère lui impose depuis l'enfance et surtout à la conscience négative qu'elle a d'elle-même. Dans un premier temps, il l'oblige à se replonger dans la vision qui l'habite lors de son entrée en scène et, au moyen d'exercices de relaxation, tente de contrebalancer l'anxiété qui y est attachée. Puis, il l'oblige à créer une nouvelle image d'elle au piano. Il lui demande de s'imaginer trébuchant sur une note et lui apprend à reconquérir sa concentration afin de terminer son morceau. En quelques mois, le jeu de Sonia devient plus égal, plus consistant. Lorsqu'elle commet des erreurs, elle ne quitte plus la scène en larmes. Elle sait, en cas de difficultés, se recentrer sur une projection positive d'elle-même.

Nous sommes toutes capables, comme Sonia, de modifier les représentations que nous nous faisons de nous-mêmes. Certaines méthodes de relaxation, de méditation ou un travail avec un psychologue peuvent nous y aider. Il suffit de développer une image de nous capable de gérer l'adversité et d'affronter les échecs, et de la superposer à celle qu'on avait jusqu'à présent. Mais il arrive qu'il faille d'abord se pardonner les erreurs commises dans le passé (voir chapitres 4 et 5).

C'est le cas de Crystal, une jeune femme au foyer alcoolique qui battait ses enfants lorsqu'elle était ivre. Grâce à l'aide d'un psychothérapeute, elle a cessé de boire mais a mis du temps à se débarrasser de son image de mère indigne. Ce n'est qu'en se pardonnant son comportement violent, en se construisant une nouvelle estime de soi et en se jugeant capable de dépasser ses faiblesses qu'elle a pu commencer à rebâtir sa relation avec ses enfants.

Si, lorsque vous vous regardez, vous ne voyez en vous par exemple qu'une simple épouse, accrochée à son mariage par peur de la solitude, élargissez votre image de vous-même. Bâtissez de nouveaux objectifs, d'autres sources d'estime, cherchez un cercle de relations différent qui vous apportera une perspective nouvelle et un soutien en cas d'épreuve. Une fois que vous vous êtes libérée de l'*overthinking*, que vous avez pris de la hauteur et réglé certains problèmes immédiats, jugez-vous sereinement. Travaillez sur vos points faibles et pardonnez-vous les erreurs du passé afin d'apprendre à vous aimer et à créer des représentations positives de vous-mêmes.

Résumé rapide

Les stratégies que je viens d'aborder sont destinées à restructurer votre vie à long terme. Elles seront plus longues à mettre en œuvre que celles des chapitres 4 et 5. Et il vous faudra du temps avant d'en récolter les fruits. Mais elles vous méneront à une plus grande maturité, à davantage de contrôle et surtout à une vie plus satisfaisante.

STRATÉGIE	*DESCRIPTION*	*EXEMPLE*
Limiter les risques.	Choisissez de ne pas vous impliquer dans des situations qui éveillent l'*overthinking*.	Janet savait que lorsqu'elle passait trop de temps avec sa mère, cela provoquait chez elle de violents accès d'*overthinking*, alors maintenant elle écourte ses visites.
Abandonner les mauvais objectifs.	Débarrassez-vous des objectifs impossibles à atteindre ou ceux qui vous poussent à l'autodestruction.	Plutôt que de perdre vingt-cinq kilos en s'affamant, Brenda s'est limitée à dix.
Être gentille avec soi.	Vivez le maximum d'émotions positives et affirmez votre force.	Sandy fait trente minutes de méditation par jour, même si sa famille se plaint de son manque de disponibilité.
Trouver sa propre histoire.	Essayez de trouver une histoire satisfaisante pour expliquer vos problèmes.	Tillie a lu des dizaines de livres consacrés aux différentes religions pour comprendre ses sentiments à la mort de sa mère.

STRATÉGIE	*DESCRIPTION*	*EXEMPLE*
Élargir son image de soi.	Trouvez des activités qui vous apprendront à vous aimer davantage et qui vous épauleront dans les difficultés.	Fern a compris qu'elle ne vivait que pour son métier d'avocate. Elle est devenue bénévole dans un foyer pour femmes battues.
Chercher de nouveaux amis.	Assurez-vous que vos amies vous aident à combattre votre *overthinking* au lieu de l'alimenter.	Lilia a cessé de voir ses amies étudiantes avec lesquelles elle passait son temps à gémir. Grâce à sa paroisse, elle a rencontré des gens qui lui ont apporté une nouvelle perspective sur l'existence.
Changer son image.	Remplacez les images négatives que vous vous faites de vous-même.	Rita a cessé de se voir comme quelqu'un d'incapable de mener une équipe. En suivant une formation, elle a appris le management.

Troisième partie

Les facteurs déclencheurs

7.

Mariée à mes soucis ?

Les relations amoureuses cristallisent souvent beaucoup de nos inquiétudes. Assez logique puisque, la plupart du temps, elles nous définissent intimement et révèlent beaucoup de notre personnalité. Nous avons tendance à nous voir dans les yeux de l'autre. Mais s'il n'est jamais négatif de réfléchir à la façon dont elles fonctionnent, à leur qualité, les ressasser trop fréquemment peut être préjudiciable. Cela peut même les abîmer, voire les détruire. D'après mes études, les jeunes générations auraient visiblement cette fâcheuse manie de disséquer abusivement leurs rapports amoureux.

Choisir un partenaire pour la vie est une tâche difficile. Avant toute chose, il faut savoir qui l'on est. Contrairement à l'adage « les contraires s'attirent », il est important qu'un couple ait une base de valeurs communes et le même genre de centres d'intérêt. Trop de femmes ont tendance à tomber amoureuse d'hommes qui ne leur ressemblent pas, juste parce qu'ils semblent correspondre aux modèles présentés par les médias. Elles cherchent un compagnon en fonction de critères superficiels – financiers, physiques, statut social – et, lorsque les difficultés submergent le quotidien, ne comprennent pas ce qui se passe. Alors elles ruminent.

Les couples ont de plus en plus de mal aujourd'hui à dépasser les affres de la routine. L'obsession du « Tout nous est dû », le besoin de recourir à des solutions rapides les poussent souvent à baisser les bras. Lorsque la relation s'envenime, se durcit, on se jette sur les antidépresseurs, l'alcool, ou l'on envisage le divorce ou la séparation. Devant une relation frustrante, on se réfugie trop facilement dans l'adultère, comme si cela avait la capacité de combler tous nos besoins, émotionnels ou sexuels. De la même façon, quand on ne vit que des histoires d'amour fugitives, brèves ou chaotiques, on rumine sur notre incapacité à vivre quelque chose de durable.

Mais même en l'absence de conflit, on a trop tendance à prendre constamment le pouls de nos relations, à les évaluer, à s'inquiéter pour l'avenir. On cède trop facilement aux conseils prodigués par les magazines féminins, aux innombrables tests qui encombrent les pages. « Votre liaison est-elle durable ? », « L'aimez-vous assez ? » À ce genre de questions, on obtient rarement un sans-faute. La société nous fournit en permanence d'impossibles standards à respecter. Elle soupèse la qualité et la quantité de nos rapports sexuels, traque la profondeur de nos liens spirituels. Lorsqu'on ne possède pas de valeurs personnelles assez fortes, difficile de résister à ces pressions extérieures et à l'*overthinking* qu'elles génèrent.

Prisonnières d'une relation impossible

Les femmes ont plus tendance que les hommes à ruminer sur leurs relations sentimentales et ce, pour une raison très simple. Même si, aujourd'hui, un grand nombre mènent leur propre carrière, possèdent leurs propres revenus, beaucoup restent encore dépendantes de leurs conjoints. Alors elles se croient obligées de tout accepter – de la froideur affective à la maltraitance sexuelle – et se sentent rapidement prises au piège. Mais comme elles veulent se protéger et qu'elles ne sont pas en mesure de rompre, elles tombent dans une hypervigilance et surveillent le moindre état d'âme de leur compagnon. Elles analysent chacun de ses mots ou de ses attitudes, afin de lui plaire ou à défaut de le calmer. Un jour, elles ressassent l'envie de divorcer, le lendemain, celui d'arranger la situation. Le manque d'éducation ou de qualification professionnelle est un facteur aggravant : certaines femmes redoutent de quitter l'autre par peur de ses réactions ou de l'avenir. Alors elles restent…

La dépendance n'est pas toujours seulement financière, elle peut être simplement psychologique. Beaucoup se marient pour de mauvaises raisons : pour bénéficier d'un soutien, pour faire comme les autres, pour se valoriser à leurs propres yeux. Combien sont-elles à ne pas savoir exister par elles-mêmes ? Lorsqu'on tombe dans cet écueil, il est logique de regarder la relation, exclusivement du point de vue du conjoint. On se dit : « Pourquoi était-il si en colère ce matin ? Est-ce que j'ai fait quelque chose ? Est-il heureux avec moi ? »

S'il est utile de temps en temps de faire le point sur son couple, la réflexion systématique et incontrôlée fait plus de mal que de bien. Grâce aux travaux de Thomas Joiner de l'Université de Floride et de James Coyne de l'Université de Pennsylvanie, on sait les dangers qu'il y a de vouloir être constamment rassuré sur l'affection qu'on reçoit. Lorsqu'on est trop en demande, on a tendance à exiger des preuves constantes d'amour. On veut tellement être aimé, être compris, que l'autre, après avoir vainement tenté de répondre à cette attente, perd patience, devient irritable. C'est le cercle vicieux. On s'angoisse, on harcèle, et ce faisant on provoque conflits et disputes. On finit par douter de l'amour de l'autre, qui se replie sur lui-même ou s'en va. Ce genre de fonctionnement est toujours destructeur pour un couple.

Même si ce genre de rapports déséquilibrés ne mène pas toujours à la rupture, il peut conduire à une prise de mauvaises décisions, à une désespérance, à une incapacité à discerner, derrière les problèmes, la valeur intrinsèque de la relation. Obnubilée par ses pensées négatives, la femme peut perdre confiance en elle, se persuader qu'elle ne mérite pas d'être aimée, voire tomber dans une attitude destructrice (boulimie, alcoolisme...).

C'est le cas de Sherri, la jeune infirmière dont je vais vous raconter l'histoire. Vulnérable, dépendante psychologiquement de son mari (Bill), elle a peu de sources d'estime d'elle-même en dehors de cette relation. Bien que son couple batte de l'aile, elle cherche à tout prix à le sauvegarder pour des raisons très superficielles. Au fond, elle ne sait pas vraiment ce qu'elle attend de son conjoint, à part qu'il soit plus attentionné et aimant. Grande lectrice de magazines féminins, elle cherche par tous les moyens à lui plaire. Une attitude obsessionnelle qui a tendance à aggraver la situation.

Le désespoir de Sherri

Dans quelques jours, Sherri va fêter son dixième anniversaire de mariage avec Bill. Cette date représente beaucoup pour elle. Elle y voit l'occasion de prouver à ses parents qu'en dépit de leur scepticisme, sa relation est durable et surtout d'obtenir enfin la preuve que, malgré leurs disputes incessantes, elle et Bill s'aiment toujours.

Ce matin-là, Sherri se sent nerveuse. Depuis la veille, elle ne peut s'empêcher de repenser à l'aventure que Bill a eue, quelques années plus tôt, avec une femme beaucoup plus jeune qu'elle. Un souvenir douloureux qu'elle n'a jamais pu oublier. Puis, elle s'examine dans la glace. Dans son uniforme d'infirmière, elle se sent mal à l'aise, presque à l'étroit. Malgré des régimes à répétition, elle ne parvient pas à se débarrasser de ses kilos superflus. Pourtant, elle aimerait tant porter des vêtements moulants, ressembler à ces jeunes filles sexy que Bill regarde à la dérobée dans la rue. « Si j'étais également plus sportive, se dit-elle, je pourrais le suivre dans ses activités. Malheureusement, je ne suis pas de son niveau. »

En dépit de sa petite taille, Bill a une silhouette athlétique. Passionné de montagne, il adore dévaler les pentes enneigées de Tahoe, lieu où ils passent leurs vacances.

En se rendant à l'hôpital, Sherri n'arrête pas de songer à son prochain anniversaire de mariage. Bill va-t-il lui offrir un cadeau ? À l'exemple de beaucoup d'hommes, il oublie régulièrement ce genre de choses. Alors, cette année, elle a pris soin de lui rappeler la date à l'avance. Après avoir coché le jour sur le calendrier de la cuisine, elle l'a interrogé sur son restaurant préféré et en a même parlé à sa belle-mère. Confiante, Sherri chasse ses inquiétudes et rejoint le service pédiatrique où elle travaille. « Tout sera différent cette fois-ci, se persuade-t-elle. Je suis sûre qu'on va vivre un moment très romantique. »

Puis elle entame son tour de garde. Tout paraît calme. Il y a peu d'urgences et les petits malades ont un sommeil moins agité que d'habitude. Une fois qu'elle a inspecté toutes les chambres, elle rejoint le bureau des infirmières et se met à réfléchir. Le souvenir de Bill avec la blonde vaporeuse qui a failli briser son mariage lui revient à l'esprit. Elle ne comprend toujours pas ce qui a poussé Bill dans les bras de cette fille. Malgré ses supplications, il s'est montré incapable d'expliquer son attitude. « C'était juste une aventure, s'est-il contenté de répéter. Un coup de folie, un désir passager. » Sherri n'est pas parvenue à se contenter de cette explication. Inquiète à l'idée que cela se reproduise, elle l'a harcelé de questions, a exigé des promesses, des certitudes. La dernière fois, cela s'est terminé en dispute. Fatigué de cet interrogatoire, Bill s'est fâché : « Pour l'amour du Ciel, Sherri, oublie cette histoire ! Je ne verrai plus cette fille. Tu es trop en demande, arrête ! »

Par peur d'aggraver la situation, Sherri s'est tue mais son angoisse n'a pas disparu. Elle traque le moindre indice d'une éventuelle trahison, achète des guides de conseils conjugaux, des magazines féminins traitant de problèmes d'adultère, de la lingerie sexy, s'efforce d'être à l'écoute de Bill, de compatir à ses soucis professionnels. Bien que leur couple semble plus harmonieux depuis deux ans, elle passe ses journées à analyser les paroles ou les comportements de son mari. Et ne cesse de comparer sa situation conjugale avec celle de sa sœur, Audrey, qui vit une union sans nuages avec Tom, un homme attentionné, profondément amoureux.

– Sherri, Sherri ! Réveille-toi, s'exclame brusquement Hilda, l'infirmière en chef, le patient du 511 a sonné.

Gênée d'avoir été surprise en pleine rêverie, Sherri reprend ses esprits. Pendant le reste de la nuit, elle parvient tant bien que mal à assurer son service. Quand elle rentre chez elle, à l'aube, Bill est sur le point de partir travailler. Biochimiste dans une grande société pharmaceutique, il a de lourdes responsabilités. Bien que Sherri reconnaisse l'importance de son travail – elle sait, de par son métier, l'importance des traitements expérimentaux –, elle a du mal à se passionner pour le récit de ses expériences. En plus, lui ne semble pas du tout s'intéresser à son boulot d'infirmière. Au fond, ces deux-là ne communiquent pas beaucoup. Sherri fait les gardes de nuit et Bill travaille dix heures par jour, six jours par semaine. Au cours des rares repas pris en commun, ils se contentent d'évoquer les problèmes domestiques : les courses à faire, les rendez-vous avec la banque…

En se dirigeant vers la porte d'un pas rapide, Bill s'arrête brutalement et se retourne vers Sherri :

– Au fait, lance-t-il, le projet BioTerm est dans l'impasse. La direction le trouve trop coûteux et a l'intention de l'abandonner. Jack veut que j'aille à Cleveland la semaine prochaine pour tenter de les faire changer d'avis.

Le cœur de Sherri bat la chamade.

– Quand, la semaine prochaine ? demande-t-elle.

– Je partirai probablement jeudi et rentrerai dimanche soir. Je devrais trouver un vol pas trop cher. Bon, il faut que je file, je suis en retard, conclut-il avant de lui adresser un bref signe de la main.

Sherri s'agrippe au chambranle de la porte. Vendredi prochain, c'est leur anniversaire. Bill sera absent. Pire, il ne semble pas s'en soucier. Une vague de colère et de panique l'envahit.

> J'aurais dû me douter qu'il allait trouver un prétexte pour gâcher nos dix ans de mariage. Il se fiche complètement de moi. Je ne peux plus le supporter, je vais le quitter. Il me rend folle. Je me tue à essayer de le rendre heureux et il ne suit que son bon plaisir, sans se soucier de moi. Je laisse tomber, je laisse tomber.
>
> Mais que vais-je faire ? Je n'ai pas assez d'argent pour subvenir à mes besoins. Je vais être obligée de prendre un appartement dans un quartier pourri avec une autre infirmière. C'est reparti ! Comme il sait que je dépends de lui financièrement, il en profite. Il se permet n'importe quoi ! D'abord, va-t-il réellement à Cleveland ? Qui me dit que ce n'est pas un mensonge ? Peut-être qu'il me trompe ? Si ça se trouve, il veut divorcer… Rien que de penser à notre anniversaire, il prend la fuite. Oh, seigneur, que vais-je faire ?

Sherri aimerait bien téléphoner à quelqu'un pour confier ses inquiétudes. Mais à qui ? Comme d'habitude, sa mère va lui dire : « Je t'avais prévenue », et sa sœur va jubiler en lui racontant son ménage parfait. Sa belle-mère est trop âgée pour supporter ce genre de choses.

Incapable de se concentrer sur une quelconque activité, Sherri fait les cent pas dans la cuisine avant de s'affaler sur le canapé. Puis elle allume la télévision. À l'écran, un talk-show consacré aux problèmes conjugaux. Les deux invités du jour racontent avec force détails l'inanité de leur relation, axée essentiellement sur le sexe. Dans le public, les gens prennent parti, donnent des conseils. Excédée, Sherri se met à hurler :

– Bande d'imbéciles ! Vous n'y connaissez rien. À part le divorce, il n'y a pas de solution.

Entraînée par un torrent de ruminations, elle se lève et erre dans la maison en claquant les portes. Bill est nul, je vais le lui faire payer, se répète-t-elle en boucle. La raison a beau lui suggérer d'aller dormir en prévision de sa nuit de travail, elle est incapable de faire taire ses pensées. Hurler mentalement contre Bill lui fait du bien.

À midi, ce dernier l'appelle. S'étant rendu compte que son voyage à Cleveland tombait au moment de leur anniversaire de mariage, il téléphone pour s'excuser.

– Si on fêtait ça quelques jours plus tôt ? propose-t-il.

Sherri l'entend à peine. Folle de rage, elle crie :

– Espèce de salaud ! Tu te fiches complètement de notre couple et de mes sentiments. Tu ne penses qu'à toi, tu te moques de me faire de la peine. Tu n'es qu'un égoïste. Va te faire voir.

Et elle lui raccroche au nez. Pendant quelques minutes, elle éprouve un immense soulagement. Elle est comme exaltée. Enfin, elle lui a dit la vérité. Quand elle s'allonge sur son lit pour se reposer, ses paroles dansent dans sa tête. « Je n'arrive pas à croire que j'aie pu lui dire ça », se répète-t-elle fièrement. Pourtant, au bout d'un quart d'heure, son sentiment de triomphe s'estompe et ses inquiétudes réapparaissent :

Que va-t-il dire en rentrant à la maison ? Comment vais-je me comporter ? Je ne peux pas m'excuser – jamais ! Mais va-t-on pouvoir oublier cette scène ? Qu'est-ce que je veux ? Oh, seigneur, je ne sais pas. Je pense que je l'aime toujours. Mais je ne sais pas si c'est réciproque. Comment vivre avec un homme dont je ne connais pas les sentiments ? Comment savoir ce qu'il ressent ? Et s'il ne rentre pas ? Et s'il me quitte ? Il ne l'a jamais fait après une dispute. Mais c'était différent. Je n'ai jamais été aussi dure, aussi mesquine. Je souhaiterais avoir quelqu'un à qui parler. Si Audrey n'était pas aussi parfaite ! Je ne supporterais pas de l'entendre vanter les mérites de Tom. Et si j'appelais ce talk-show ? On me donnera peut-être un conseil. En me présentant sous un pseudonyme, on ne saura pas que c'est moi…

Pendant l'heure qui suit, Sherri passe en revue ce qu'elle pourrait raconter à l'antenne : l'insensibilité de Bill, ses maladresses, sa responsabilité dans l'échec de leur mariage. Mais si l'animateur prenait la défense de son mari ? Que répondrait-elle ? Rien qu'à cette idée, elle se sent accablée de honte. Et si c'était elle la coupable ? Ses pensées tournoient frénétiquement dans sa tête.

J'aurais dû agir différemment. Après tout, on était amoureux au début, en dépit de ce que dit maman ! Pourquoi Bill s'est-il désintéressé de moi ? Est-ce parce qu'il est plus cultivé ? Me trouve-t-il stupide ou ennuyeuse ? Il ne me parle jamais de mon travail. Est-ce à cause de mon poids ? Il peut manger de tout sans grossir tandis que moi, il suffit que je regarde un gâteau pour prendre cinq cents grammes. J'ai fait une erreur en acceptant ces gardes de nuit. C'est vrai que l'ambiance est plus calme, mais ça prouve mon manque de motivation. Je m'ennuie. Je n'ai pas de passions, pas d'amis. Inutile de se demander pourquoi il veut me quitter. Moi non plus, je n'aimerais pas être mariée à un tel boulet.

Quand arrive l'heure de repartir travailler, Sherri est exténuée. Elle n'a pas dormi et a la tête qui tourne. Se sachant incapable de s'occuper d'enfants, elle appelle sa surveillante en chef en disant qu'elle est malade. Vers minuit, elle entend Bill rentrer à la maison. À bout de nerfs, elle se lève et court dans la cuisine. D'une voix hésitante, elle commence :

– Excuse-moi, Bill, je n'aurais jamais dû te parler ainsi.

Bill achève son verre de bière sans un mot et, détournant le regard, répond :

– Laisse tomber. Je suis fatigué. Je vais me coucher.

Sur ces paroles, il l'embrasse froidement sur le front et s'enferme dans sa chambre. Sherri n'esquisse aucun geste. Elle est pétrifiée. « Il doit être fou de rage pour réagir comme ça, se dit-elle. Il préfère se taire car il n'y a plus rien à sauver entre nous. »

Les jours suivants se déroulent dans une ambiance glaciale. Sherri et Bill se croisent dans la maison comme deux colocataires, étrangers l'un à l'autre. Aucun des deux n'ose évoquer le sujet de l'anniversaire de mariage, le voyage à Cleveland ou la scène au téléphone. Ce n'est qu'en apercevant les billets d'avion sur la table de chevet que Sherri comprend que Bill a toujours l'intention de partir. La veille de son départ, en rentrant de l'hôpital, elle trouve un message laconique sur le répondeur : « Je pars demain aprèsmidi et je rentrerai dimanche soir. Je laisserai la voiture à l'aéroport. »

La journée du jeudi est un véritable cauchemar pour Sherri. Elle a à peine fermé l'œil depuis sa scène avec Bill et ne cesse de se repasser en boucle les paroles qu'elle lui a jetées au visage. Elle s'en veut terriblement de son attitude et culpabilise d'avoir été incapable d'aller travailler à trois reprises dans la semaine.

La libération de Sherri

Si vous aussi, vous avez déjà ressassé pendant des heures à propos de l'affection que vous porte votre conjoint ou de son infidélité, alors vous devez comprendre ce qu'éprouve Sherri. Les femmes qui, comme elle, ne pensent qu'à plaire à leurs partenaires sont particulièrement vulnérables à l'*overthinking* chronique. Le moindre changement dans le comportement de l'autre les plonge dans une inquiétude farouche. Elles se demandent ce que ça veut dire, ce qu'il ressent, ce qu'elles peuvent faire pour arranger la situation... Intérieurement, elles acceptent mal leur dépendance affective. Manquant de confiance en elles, elles se sentent délaissées, inutiles, incomprises. Elles ont beau tenter d'expliquer leurs sentiments à leurs compagnons, cela ne sert souvent à rien. D'après les psychologues John Gottman et Robert Levenson de l'Université de Berkeley, beaucoup d'hommes adoptent, à l'exemple de Bill, ce qu'on appelle la stratégie du « mur de granit ». Ils refusent la conversation avec des phrases du genre : « Il n'y a rien à discuter » ou « Laisse tomber ». Ce comportement alimente l'anxiété de leurs partenaires. Les femmes reviennent à la charge, insistent pour avoir des réponses, deviennent agressives, accusatrices. L'homme a alors tendance à quitter la pièce, à répondre par la colère, voire la violence. Il ne sort jamais rien de productif de ces « conversations » et les couples qui fonctionnent selon ce schéma sont généralement voués à l'échec.

Le jeudi soir, Sherri plonge dans un gouffre de pensées négatives :

> J'ai besoin d'aide. Je ne peux pas continuer ainsi. Je n'arrive plus à penser. Je suis prise au piège. Qu'est-ce que je peux faire ? Je ne peux appeler ni ma mère, ni ma sœur. Et si je téléphonais à un conseiller conjugal... Oui,

> mais je n'en connais pas. Je ne veux pas en choisir un au hasard dans l'annuaire. À qui pourrais-je demander ? Au pasteur ? À une de mes collègues ? Non, je refuse qu'elles soient au courant… Et ma généraliste ? Peut-être connaît-elle quelqu'un de bien ? Oh, je ne sais pas… J'ai du mal à parler de mes soucis avec les étrangers. Ça me gêne de dire à mon médecin que mon mariage est un échec… Oh, il faut que je fasse quelque chose, n'importe quoi.

Sherri décroche son téléphone et, rassemblant son courage, appelle son cabinet médical et demande à parler au Dr O'Hara. Puis, après avoir tourné une minute autour du pot, elle se lance :

– Je suis au bord du divorce. Connaissez-vous un bon thérapeute conjugal ?

Quelques minutes plus tard, elle raccroche. Sa généraliste lui a donné le nom d'une conseillère, une certaine Carol Vanfossen. Légèrement soulagée, Sherri tend à nouveau la main vers le combiné. Mais ses doutes la reprennent :

> Ai-je vraiment envie d'aller jusque-là ? Et si je n'aime pas cette femme ? Et si elle me donne de mauvais conseils ? Bill sera sûrement fou de rage d'apprendre que j'ai parlé de nos problèmes à quelqu'un.

L'anxiété de Sherri n'en finit pas de grandir. Elle est rapidement si désespérée qu'elle finit par crier à voix haute : « Arrête ! Appelle-la. » D'une main tremblante, elle compose le numéro. À sa grande surprise, Carol Vanfossen lui répond en personne. Terrifiée, Sherri parvient à lui demander un rendez-vous en précisant qu'elle viendra seule, qu'elle est au bord du gouffre.

Le lendemain, assise face à la conseillère conjugale, elle n'en mène pas large. Heureusement, la psychothérapeute est une jeune femme d'aspect ouvert, au regard direct. Alors, peu à peu, elle parvient à se livrer et lui raconte par le menu les derniers incidents survenus entre elle et Bill, la lente dérive de son mariage. Carol lui pose quelques questions sur son travail, ses amies, ses centres d'intérêt. Puis, brusquement, lui demande gentiment :

– Pourquoi voulez-vous sauver votre couple ?

Étonnée, Sherri ne sait quoi répondre. Alors, elle bredouille :

– Je ne sais pas. Je suppose que je l'aime. Je n'oserais plus affronter ma sœur et ma mère si je divorçais. Je ne veux pas être seule.

Carol insiste alors sur deux points. Sherri doit d'abord décider si elle veut rester avec Bill et, pour cela, trouver de meilleures raisons que l'éventuelle désapprobation de sa famille. Deuxièmement, quoi qu'elle décide, elle doit prendre davantage soin d'elle-même. Sa vie tourne trop autour de son mari, elle n'a ni passion, ni ami proche pour se changer les idées.

Sur ces paroles, Carol lui fixe un autre rendez-vous deux semaines plus tard.

Sans son intervention, Sherri et Bill se dirigeaient tout droit vers la rupture. Leur dernière dispute au sujet de l'anniversaire de mariage se serait peut-être ajoutée aux autres si Sherri n'avait ressenti le besoin impérieux de parler à quelqu'un. Sans le savoir, elle a mis en pratique les stratégies idéales pour interrompre son *overthinking*. Dans un instant de panique, elle a stoppé ses pensées négatives en criant « Arrête ! ». Puis elle a commencé à chercher à solutionner ses problèmes en libérant toutes les solutions qui lui venaient à l'esprit. Une fois convaincue de ce qu'elle devait faire, elle a réfléchi aux possibilités d'y parvenir. Enfin, malgré ses doutes, elle s'est jetée à l'eau, s'est forcée à décrocher son téléphone et a pris rendez-vous avec Carol, sans jamais perdre son premier objectif de vue : sauvegarder son couple.

Au lieu de lui fournir des palliatifs rapides, à l'exemple

des magazines féminins – une chose que Sherri espérait peut-être –, Carol l'a entraînée au-delà des détails de la relation. En lui demandant pour quelles raisons elle voulait sauver son union, elle l'a recentrée sur l'essentiel.

Au cours des jours suivants, pendant que Bill est à Cleveland, Sherri réfléchit longuement aux paroles de Carol. Elle s'aperçoit assez rapidement que lorsqu'elle est seule à la maison, elle finit par retomber dans la rancœur, la peur ou l'anxiété. Par contre, quand elle sort se promener, manger une pâtisserie dans un salon de thé, elle a tendance à ne se rappeler que des bons souvenirs avec Bill. Sur son lieu de travail, elle s'oblige à se concentrer sur son travail, se réservant des heures de la journée pour penser à sa situation. Constatant que la lecture des féminins et de leurs sempiternels tests augmente son anxiété, elle les met de côté et se jure de ne plus les ouvrir avant longtemps.

Quand Bill rentre le dimanche soir, Sherri est déjà partie travailler. Lorsqu'elle revient à l'aube, il a déjà quitté la maison. Sur le coup, elle se sent blessée qu'il n'ait pas laissé de mot à son intention puis se reprend. « Inutile de se disputer pour une chose aussi insignifiante », se dit-elle.

Habituellement, les réconciliations ont lieu sur un mode immuable : Sherri met un point d'honneur à préparer un dîner fin en espérant apaiser Bill et lui plaire. Quand il n'a pas l'air d'apprécier, elle lui lance des reproches au visage ou va se coucher, le cœur serré. Cette fois, elle résiste, préférant se demander : « De quoi ai-je besoin personnellement ce soir ? » Après avoir réfléchi, elle conclut qu'elle doit se reposer et surtout garder son calme, sans espérer régler ses problèmes immédiatement. Elle commandera un repas chinois et se laissera porter par les événements.

En arrivant en début de soirée, Bill est agréablement surpris de découvrir sa femme plus détendue qu'elle ne l'a été depuis bien longtemps. Sans s'énerver, Sherri l'interroge sur son voyage. Bill lui raconte brièvement ses négociations et ajoute, après un temps :

– Je suis désolé d'avoir raté notre anniversaire de mariage. Si tu veux, on le fête un autre jour, d'accord ?

La première réaction de Sherri est de se mettre en colère. Comment ose-t-il croire qu'il suffit de reprogrammer leur dîner pour tout arranger ? Néanmoins, avant de s'énerver, elle prend deux grandes respirations et répond :

– Si tu veux, mais je crois qu'avant tout, on doit discuter de notre relation, de ce qui ne va pas entre nous.

Bill se contente de grommeler une phrase indistincte et se lève pour débarrasser la table. Manifestement, il n'est pas prêt à se lancer dans une conversation sérieuse. Sherri décide de ne pas le pousser. Elle se contente de préciser :

– Je suis persuadée qu'on a des choses à se dire mais effectivement, ce n'est pas le bon moment. On fera ça plus tard.

– Bien sûr, marmonne Bill en évitant de la regarder en face.

Arrive enfin le fameux dîner d'anniversaire. Contrairement à ce qu'on aurait pu penser, l'ambiance est assez détendue. Au cours de l'apéritif, Sherri et Bill bavardent de choses et d'autres comme ils ne l'ont pas fait depuis longtemps. Sherri a hâte d'aborder le sujet qui la préoccupe mais elle ne veut pas prendre le risque de gâcher leur complicité. Néanmoins, sachant qu'elle doit profiter de l'occasion, elle attaque, au bout d'une demi-heure :

– Bill, je me suis terriblement inquiétée pour notre mariage. À tel point que je suis allée consulter une conseillère conjugale pendant ton absence.

Bill est stupéfait.

– Je trouve bizarre que tu sois allée raconter notre relation à des étrangers, rétorque-t-il. D'ailleurs, je ne vois pas de quoi tu parles. Il n'y a pas de problèmes entre nous…

– Si, coupe Sherri. Les rares fois où nous nous voyons

– où nous nous croisons devrais-je dire –, nous passons notre temps à nous disputer. Je n'ai plus l'impression de former un couple avec toi.

Ces paroles produisent l'effet souhaité. La conversation devient un modèle du genre, un exemple de franchise. Sherri commence à expliquer à Bill qu'elle le trouve de plus en plus distant, qu'elle a craint qu'il puisse la tromper de nouveau. Bill lui jure qu'il n'a personne dans sa vie et reconnaît qu'il est trop accaparé par son travail. Au lieu de se murer dans le silence, il relève ses arguments et y répond sans s'énerver. Il avoue qu'il la trouve trop collante, trop dépendante et que cela a tendance à le faire fuir. En un mot, il se sent prisonnier à la maison. Puis, peu à peu, ils revisitent leur « histoire », reprennent le fil de leur rencontre en s'avouant qu'effectivement, ils se sont en partie mariés pour de mauvaises raisons : pour s'opposer à leurs parents, pour une simple attirance physique.

Rapidement, c'est devenu insuffisant pour nourrir leur relation. Chacun s'est investi dans son métier et ils ont passé ces dernières années à vivre chacun de leur côté, se retrouvant juste pour les vacances. Bill ne pense plus qu'à son travail, Sherri à le reconquérir.

– Sais-tu la question que m'a posée Carol ? interroge Sherri. Elle m'a demandé pourquoi je voulais sauver notre mariage. J'y ai beaucoup réfléchi. Je pense que c'est parce que je t'aime vraiment. On s'est peut-être mariés sur un coup de tête, mais je t'aime. Il me semble qu'on devrait chercher à se rapprocher.

Bill la contemple en silence quelques instants :

– Moi aussi.

Sherri a beaucoup gagné à s'occuper d'elle, à se revaloriser. Elle a compris que penser à son couple quand elle était fatiguée ou déprimée lui faisait voir l'avenir en noir, que pour garder le contrôle, elle avait besoin de se faire plaisir. Cette démarche lui a permis de reprendre confiance en elle, de se respecter davantage. C'est ainsi qu'elle a pu aborder calmement avec Bill le sujet de leur relation, au lieu d'exprimer ses rancœurs avec désespoir. À chaque fois qu'il a eu une remarque blessante, elle a accepté sa peine mais a su garder sa contenance en se recentrant sur l'essentiel.

En discutant, Bill et Sherry ont mieux compris leur « histoire », la progression de leur couple. Ils auraient pu conclure que leur union était bâtie sur des bases fragiles et projeter de se séparer. Au lieu de cela, ils ont décidé qu'elle méritait d'être sauvée, qu'il suffisait pour cela d'en changer le fonctionnement.

Quand arrive le deuxième rendez-vous avec Carol, Sherri a apporté déjà de grands changements dans sa vie. Elle a laissé tomber ses gardes de nuit pour passer ses soirées avec Bill. Elle s'est inscrite dans un cours de sculpture où elle rencontre des gens sympathiques. Fière de sa métamorphose, elle le raconte à Carol, insistant sur la gentillesse dont Bill fait preuve maintenant vis-à-vis d'elle. Mais, à sa grande surprise, après l'avoir félicitée, la thérapeute la met en garde :

– Vous donnez l'impression de vouloir transformer à tout prix votre mari, c'est très dangereux. On ne change jamais les gens. C'est sur vous que vous devez travailler.

D'abord vexée, Sherri se met à réfléchir à ces paroles en rentrant chez elle. C'est vrai, se dit-elle, je suis heureuse de voir que Bill fait des efforts mais j'ai toujours peur que cela ne dure pas. D'une certaine façon, je suis aussi vulnérable qu'avant.

Après avoir noté la phrase de Carol en haut d'une page blanche, elle liste les différents points qui la rendent encore dépendante de Bill. Exemples : « J'attends de connaître ses désirs au lieu de prendre l'initiative » ; « J'agis en fonction de son humeur, pas de la mienne » ; « Je cherche trop son approbation ou son opinion ». Au centre de la feuille, elle écrit : « De quelle façon être proche de lui sans dépendre de son bon vouloir ? » Elle a d'abord du mal à trouver des réponses à cette question mais finit par écrire : « Je veux partager des centres d'intérêt avec lui, pas suivre les siens » ; « Je veux choisir une activité parce qu'elle me plaît, pas seulement parce qu'il en a envie ».

Sherri s'est appuyée sur la nouvelle attitude plus ouverte de Bill pour trouver de quoi améliorer leur relation. Grâce à Carol, elle s'est débarrassée de son objectif « malsain » : changer Bill. Elle a élargi son image d'elle-même.

Sherri a fait beaucoup de chemin mais il lui reste une longue route à faire. Prendre des cours de sculpture lui a apporté une bouffée d'oxygène et un réseau relationnel mais elle doit maintenant se rapprocher de sa famille. Sa propension à comparer son mariage avec celui de sa sœur crée une distance entre elles. En la jugeant parfaitement heureuse en ménage, elle se trompe peut-être, car sa culture familiale semble considérer comme taboues les difficultés conjugales. Ensuite, elle a besoin de redéfinir son rôle dans sa relation avec Bill. S'ils veulent retrouver une totale harmonie, ils doivent partager des activités, pas se contenter que l'un suive l'autre. C'est d'ailleurs le cas de beaucoup de couples. À cause du stress de la vie quotidienne, nombreux sont ceux qui oublient de se repositionner sur leurs valeurs communes. Il est capital de trouver un moment pour faire des choses ensemble.

Sherri et Bill utilisent le peu de temps qu'ils ont en commun pour parler d'affaires domestiques. L'idéal serait qu'ils sortent dîner à l'extérieur une fois par semaine, en s'interdisant au cours de la soirée d'aborder ce genre de sujets.

L'infidélité dans un couple est un écueil parfois lourd à dépasser. Pour y parvenir, le pardon est indispensable. Car il est difficile de rétablir la confiance et l'intimité nécessaire à une bonne relation si l'un des partenaires éprouve un sentiment durable de trahison. Sherri ne s'en est jamais débarrassée. La trahison de Bill est pour elle une source constante de peur et de colère. Elle remonte régulièrement à la surface et perturbe leurs rapports. Si Sherri souhaite atteindre la maturité et l'épanouissement affectif, elle doit pardonner et se concentrer sur l'avenir.

Certains couples sont impossibles à sauver et d'autres ne le méritent pas. Cependant, ruminer sur sa relation ne sert à rien, si ce n'est se déchirer ou prendre de mauvaises décisions. Il n'y a qu'en se libérant de l'*overthinking* et en prenant de la hauteur que l'on trouvera la capacité de l'évaluer avec réalisme, de communiquer clairement et de l'améliorer efficacement.

8.

Et les parents ?

Les proches et les membres de la famille nous font vivre parfois des émotions intenses. Ils sont partie intégrante de notre identité car nous avons une longue histoire avec eux. Ils connaissent nos faiblesses comme nous connaissons les leurs. En avançant en âge, nous sommes souvent obligés de nous repositionner par rapport à eux, voire d'endosser des rôles qui nous pèsent. Le moindre événement, même le plus simple, peut dégénérer en conflit durable ou conduire à de violentes disputes qui sont sources de ruminations.

Certaines femmes ne voient pas assez souvent leurs parents et se le reprochent en pensant : « Est-ce que je fais assez d'efforts envers eux ? Mes enfants sont-ils trop privés de la compagnie de leurs cousins, de leurs oncles et tantes ? Que ressentirais-je quand ma mère mourra ? » Si de telles pensées peuvent nous amener à des changements positifs (comme se rapprocher des siens), il arrive qu'elles tournent purement et simplement à la rumination stérile. Exemples : « Pourquoi suis-je toujours la seule à faire des efforts ? Pourquoi ne viennent-ils pas me voir ? Ils sont tous très unis mais me laissent toujours à l'écart. »

Nous avons également trop tendance aujourd'hui à considérer la famille comme l'éternelle coupable de nos malheurs. On la rend responsable de nos échecs, de nos difficultés d'adulte sous prétexte que « tout s'explique dans l'enfance ». Et comme il n'y a pas d'éducation parfaite, on a l'embarras du choix pour y trouver un traumatisme, une carence affective, etc. Certes, de nombreuses personnes ont été maltraitées dans leur passé et ont du mal à oublier cette épreuve, mais la plupart d'entre nous ont eu des parents pleins de bonne volonté – qui ont fait de leur mieux. Bien sûr, on a toujours des regrets. On les aurait voulus plus aimants ou moins protecteurs, plus ouverts. Poussés par notre obsession du « Tout nous est dû », nous cherchons dans notre jeunesse les explications à nos faiblesses, ce qui est le meilleur moyen de rester prisonnier d'un *overthinking* destructeur.

Or, on ne devient un adulte responsable et mature que lorsqu'on est capable d'assumer son passé, de comprendre – et d'accepter – les personnalités de ses parents, d'assumer son héritage et d'en dépasser les effets négatifs. Refuser la réalité, même difficile – par exemple, les dégâts psychologiques provoqués par une mère alcoolique –, c'est laisser les traumatismes vous affecter. De la même façon, rester obsédé par les souvenirs vous emprisonne et vous empêche de construire votre vie.

En général, c'est surtout lorsqu'une crise familiale survient que l'on se préoccupe de ses relations avec son père, sa mère, ses frères ou ses sœurs. Prenons l'exemple de Faye, institutrice dans une école élémentaire. Elle a quarante-six ans et a toujours vécu dans sa ville natale, à quelques kilomètres de ses parents, Art et Nora, âgés de quatre-vingts ans. Elle entretient depuis toujours avec eux d'excellents rapports. Mais l'annonce de la maladie de son père va bouleverser cette harmonie apparente.

Faye redessine un nouveau territoire

Faye sait depuis quelque temps que son père, Art, est de plus en plus distrait. Il ne sait jamais où il a posé ses affaires et, poussé par son caractère irritable, accuse sa femme de les avoir déplacées pour le mettre en colère. Un jour, en fin d'après-midi, alors qu'elle est train de nettoyer sa salle de classe, Faye reçoit un appel téléphonique angoissé de sa mère.

– Ton père est parti faire des courses depuis plus de deux heures et il n'est toujours pas rentré. Je suis morte d'inquiétude. Peut-être a-t-il eu un accident ?

Sans attendre, Faye saute dans sa voiture et se rend au supermarché. En arrivant, elle repère la vieille Sedan familiale garée sur le parking. Art est assis derrière le volant, le regard perdu dans le vague. Faye se précipite vers lui et frappe à la vitre.

– Papa ? Papa, ça va ?

Art sursaute comme s'il ne la reconnaissait pas. Puis une lueur éclaire son visage et il fond en larmes. Faye, qui n'a jamais vu son père pleurer, est prise de panique.

– Papa ! Ouvre ta portière ! Elle est fermée… Ouvre-la.

Après plusieurs minutes interminables, Art déverrouille sa porte.

– Que s'est-il passé, papa ? s'inquiète Faye en lui prenant le pouls.

Il est régulier et Art ne semble pas avoir de fièvre.

– Je ne sais pas. Comment suis-je arrivé là ? Que fais-tu ici ? demande-t-il, l'air complètement égaré. (Son caractère colérique reprend le dessus.) Pourquoi m'as-tu amené ici ? À quoi joues-tu ?

Faye prend une grande respiration.

– Je ne t'ai pas amené ici. Tu y es venu tout seul. On

est au supermarché, regarde… Maman est morte d'angoisse. Tu es parti depuis plusieurs heures.

Furieux, Art crache :

– Ta mère est une vieille femme stupide. Je viens à peine de quitter la maison et j'essayais de me rappeler ce que je devais acheter. Laisse-moi. Je m'en vais. Je me fiche de ses courses !

Il claque sa portière d'un coup sec et met le contact. Faye a beau essayer de le retenir, il démarre sur les chapeaux de roue. Effrayée par son étrange attitude, elle le suit jusque chez lui.

En arrivant à la maison, Art descend sans un mot de sa voiture, fonce dans le hall et, passant devant Nora interloquée, court s'enfermer dans la salle de bains. Faye s'approche de sa mère et lui raconte la scène qui vient de se dérouler. En voyant des larmes couler sur ses joues, Faye comprend que ce n'est pas la première fois qu'un tel incident se produit.

– Maman, dis-moi ce qui se passe, s'exclame-t-elle. C'est déjà arrivé ?

– Oui, plusieurs fois. Ton père a vu le médecin la semaine dernière. Ce dernier pense qu'il est atteint de la maladie d'Alzheimer. Oh, Faye ! Qu'allons-nous faire ? Art n'avouera jamais qu'il a un problème. Mais ça s'aggrave de jour en jour. Hier, je l'ai retrouvé planté dehors au milieu de la nuit et il ne savait même plus où il était. Tu te rends compte, il ne reconnaissait même plus le jardin dont il s'occupe depuis plus de trente ans.

Faye est abasourdie. Elle voit ses parents au moins une fois par semaine, les appelle régulièrement au téléphone mais ils ne lui ont rien dit. Devant l'expression accablée de sa mère, elle comprend que cette dernière a voulu la protéger, qu'elle a eu peur des menaces de son mari. Cela lui ressemble bien. Toute sa vie, elle a excusé son caractère désagréable et caché son chagrin en courbant le dos. Mais cette fois, c'est différent, se dit Faye. Maman ne peut pas gérer ça toute seule. À terme, la situation peut devenir dangereuse. Papa représente un risque pour lui-même ou son entourage. Et s'il perd la tête alors qu'il est au volant ? Le pire, c'est qu'il doit rendre responsable maman de ses pertes de mémoire, ajoutant encore à son stress et sa tension nerveuse…

– Le médecin t'a-t-il donné des conseils ? demande-t-elle.

Nora lui lance un coup d'œil effrayé.

– Il a dit que si son Alzheimer progresse trop vite, on sera obligé de le mettre en établissement spécialisé. Mais je refuse. Je peux prendre soin de lui. Je ne veux pas qu'il aille dans une maison de fous.

Faye la contemple avec émotion. Comment cette petite femme mince, âgée de quatre-vingt-trois ans, qui n'a jamais eu la force de soulever deux kilos de farine va-t-elle venir à bout d'un colosse mesurant quinze centimètres de plus qu'elle ? En outre, elle ne conduit plus depuis des années. Mais devant la détermination affichée par son regard, Faye se tait. Elle parle encore une demi-heure avec elle, puis quitte la maison familiale, après avoir promis de passer tous les jours prendre des nouvelles. Sur le chemin du retour, ses pensées prennent un caractère frénétique :

> Comment allons-nous faire ? Maman ne nous demandera jamais d'aide. Je vais devoir me rendre sur place constamment pour être tenue au courant. Mais je ne peux pas quitter mon travail au milieu de l'année scolaire. J'ai une obligation envers mes élèves. Et j'en ai une aussi envers mes parents. Que faire ? Papa est vraiment un sale type. Il n'a pas le droit de rendre maman responsable de ses problèmes. Pourquoi accepte-t-elle cela ?

Rapidement, Faye se projette dans l'avenir, imagine la mort de Art mais, envahie par la culpabilité, se hâte de chasser cette pensée. Lui reviennent alors des images d'enfance : les colères de son père, les fessées, les réprimandes. Son cœur se met à battre de plus en plus fort et elle agrippe violemment son volant jusqu'à en avoir mal.

Il est très fréquent de revivre des souvenirs douloureux quand survient une grave crise familiale. Au cours de mon étude sur le deuil, la majorité des gens interrogés a raconté qu'en apprenant la maladie d'un proche, ils avaient vu remonter à la surface des vieilles blessures enfouies. Certains avaient le sentiment que la tragédie qui les frappait leur avait permis de les régler définitivement, d'autres qu'elles n'avaient fait que s'ajouter à leur stress, durcissant leurs rapports avec les autres. De façon logique, ceux qui étaient parvenus à dépasser leurs souvenirs douloureux étaient moins déprimés que les autres.

En arrivant chez elle, Faye téléphone à son frère, Jim, qui vit à deux heures de route de là. Brillant avocat, il est toujours débordé, assez arrogant et ne trouve jamais le temps de rendre visite à sa famille. Faye éprouve néanmoins le besoin de le prévenir de la situation. Après avoir patienté près d'un quart d'heure, elle réussit enfin à l'avoir en ligne.

– Faye, je n'ai qu'une minute, lance Jim en guise de bonjour. J'espère que c'est important.

Quand Faye lui apprend la nouvelle, il reste silencieux une seconde, puis ajoute :

– C'est moche. Ça va être dur pour maman. Dis-moi si je peux être utile à quelque chose.

Devant son manque de sensibilité, Faye se retient de hurler et profère le plus calmement possible :

– Le médecin pense que papa doit aller dans un établissement spécialisé, mais maman s'y refuse. Cependant, je ne crois pas qu'elle pourra gérer la situation toute seule.

– Tu ne peux pas les aider ? Après tout, tu ne travailles qu'une partie de la journée...

Faye n'ignore pas que son frère considère qu'elle ne

fait qu'un mi-temps puisque l'école s'achève à quinze heures.

– Je peux le faire de temps en temps, rétorque-t-elle en refrénant sa colère, mais je ne peux pas m'y consacrer totalement. J'ai aussi une famille à m'occuper.

– Je sais que tu trouveras une solution. Tu as toujours su mieux manœuvrer papa que moi. Allez, il faut que je te laisse.

Avant que Faye ait le temps de trouver une réponse, il raccroche.

Faye passe la moitié de la nuit à ruminer sur sa conversation avec son frère. Elle est à la fois furieuse et inquiète de la suite des événements. Elle se demande anxieusement comment elle va pouvoir gérer à la fois son travail, et sa vie personnelle. Elle a beau avoir conscience des sacrifices de sa mère et lui en vouloir de sa faiblesse, elle se comporte inconsciemment de la même façon. Quand elle s'imagine prenant la décision de mettre son père dans un institut spécialisé, elle voit aussitôt surgir devant elle l'image de Nora, en larmes, suppliante… À l'idée de demander à son mari et à ses enfants de la décharger de certaines tâches domestiques, elle se sent coupable de leur infliger ce fardeau. Comme beaucoup de femmes qui s'inquiètent de ne pas rendre heureux les gens autour d'elles, Faye se perd dans des millions de conjectures, essayant de trouver la meilleure solution.

Au cours des mois suivants, elle tente de tout mener de front – son travail à plein temps, l'organisation de sa maison et le soutien à ses parents. Mais si sa mère lui en est reconnaissante, son père l'accuse de l'espionner, voire de lui servir de la nourriture avariée. Art a de plus en plus de pertes de mémoire et son agressivité verbale monte d'un cran chaque semaine. Parfois, il se met à hurler des insultes tout seul dans une pièce. Plus les jours passent, plus Faye est épuisée. Son *overthinking* se fait de plus en plus insistant. Elle ressasse sa colère contre son père pour la maltraitance psychologique qu'il fait subir à sa famille depuis des années, sa frustration devant le comportement servile de sa mère, son ressentiment envers l'arrogance et la froideur de son frère et surtout sa culpabilité d'éprouver de tels sentiments.

Sans le savoir, elle est prisonnière d'un piège commun à beaucoup de femmes. Elle se sacrifie pour rendre son entourage heureux tout en se détestant d'agir de la sorte. Mais elle est incapable de briser le cercle vicieux car les attentes de ses proches sont devenues les siennes. Elle se contente d'attendre que les autres changent : que son père devienne raisonnable, que sa mère soit plus forte et plus courageuse, que son frère vienne enfin à son secours.

C'est alors que le drame survient. Une nuit, en allant se coucher, Art oublie une cigarette allumée dans un cendrier du salon. Et le feu se propage. Nora est réveillée brusquement par les alarmes incendie. Quand elle tente de réveiller Art, ce dernier se débat comme une furie et la pousse hors du lit. Une violente douleur vrille la jambe de Nora. Tant bien que mal, elle parvient à ramper jusqu'à la porte, à l'instant où un pompier surgit dans la pièce. En moins de deux minutes, elle et Art sont évacués de la maison.

Faye retrouve ses parents à l'hôpital une demi-heure plus tard. Nora a une hanche fracturée et a été légèrement intoxiquée par la fumée. Art, lui, a l'air absent. Il regarde fixement devant lui et ne semble pas reconnaître sa fille. Visiblement, il ne se rappelle de rien, ni d'avoir poussé sa femme, ni de l'incendie. Il veut juste rentrer chez lui. Faye tente de lui expliquer que les médecins veulent les garder en observation jusqu'au lendemain. Pour elle, c'est un soulagement : elle sait qu'elle n'a pas de décision à prendre avant plusieurs heures. En rentrant chez elle, ses pensées s'agitent furieusement :

> Cette fois, il a failli la tuer. Il faut faire quelque chose. Je me moque de ce que dit maman. Ce n'est qu'un

vieillard atteint d'Alzheimer, je ne devrais pas lui en vouloir. Il n'y est pour rien. Que vais-je faire ? Et si je les installais à la maison ? Mais ce n'est pas juste pour ma propre famille.

Incapable de penser à dormir, Faye se rend au domicile de ses parents et, par précaution, décide d'emporter les bijoux de sa mère et les papiers confidentiels. Quand elle feuillette les états de comptes, son estomac se noue. Elle s'aperçoit que leur situation financière est des plus critiques. De la même façon, le testament rédigé par son père quelques années auparavant a été raturé et des dizaines de paragraphes illisibles encombrent les marges. De toute évidence, Art a décidé de changer ses dispositions mais sans y parvenir. Enfin, elle ouvre le dossier « assurances » et son cœur fait un bond. Les primes ne sont plus payées depuis deux mois. Dans une lettre, l'employé de l'agence se plaint qu'on lui a raccroché plusieurs fois au nez.

Dès la première heure, Faye se rend au bureau de la compagnie, paie les primes en retard et remplit la déclaration de sinistre. Elle est complètement désemparée.

Ça ne peut pas durer. La maladie de papa ne fait qu'empirer. Maman ne peut pas gérer ça toute seule. Et je refuse de sacrifier ma famille ou mon travail.

Aussitôt la culpabilité l'envahit. Elle sait que c'est la voix de son père qu'elle entend, une voix accusatrice, lui reprochant de l'abandonner, de le trahir. Alors, elle décide de lutter :

Tais-toi, culpabilité ! Je ne te laisserai pas me gâcher la vie plus longtemps. Tais-toi, papa ! Tu es un vieil homme triste et furieux mais tu as toujours été comme ça. Tu ne changeras jamais, même au seuil de la mort. J'en ai assez. Tu ne contrôleras plus ma vie.

Dopée par ce sursaut de volonté, Faye décide de ne plus écouter cette voix intérieure qui cherche à l'intimider, ni la culpabilité qui l'oblige à se satisfaire de cette situation impossible. Elle arrête également d'attendre que son frère change. Elle va le forcer à prendre ses responsabilités. Aussitôt, elle l'appelle à son bureau et, après avoir refusé d'être mise en attente, déverse ses rancœurs :

– La nuit dernière, les parents ont failli mourir dans un incendie que papa a déclenché accidentellement. Il a poussé maman du lit. Elle est tombée et s'est fracturée la hanche. J'ai découvert que leurs primes d'assurance n'étaient plus payées depuis deux mois. Leurs finances sont dans un état désastreux. Je veux que tu viennes aujourd'hui même m'aider à régler toute cette pagaille.

Jim commence par protester.

– Je ne peux pas quitter mon bureau comme ça.

– Tu as négligé ta famille pendant des années en me laissant le fardeau, l'interrompt Faye. C'est fini. Tu es bien plus apte que moi à solutionner leurs problèmes financiers. Je veux que tu viennes et je n'accepterai pas de refus.

Abasourdi par l'assurance dont fait preuve sa sœur, Jim bredouille qu'il sera là à l'heure du dîner.

En limitant ses attentes concernant son frère, Faye a commencé à desserrer l'étau de ses pensées négatives. Elle a repris le contrôle de la situation et lui a fait connaître ses désirs sans rester prisonnière des siens. Cependant, il lui reste encore à affronter ses parents. À l'instant où elle s'imagine aller les trouver, son *overthinking* agressif reprend le dessus. Du coup, au lieu de réfléchir à la façon dont elle va leur exposer sa décision, elle se met à penser à tous les reproches qu'elle a envie de faire à son père. Puis elle comprend qu'une telle attitude ne la ménera nulle part. Son père ne changera pas. Inutile de se disputer avec lui. À part peiner sa mère, cela ne servira à rien. Faye se dit :

> J'ai le droit d'être en colère, même de le haïr. Mais je dois l'accepter tel qu'il est et continuer ma vie, sinon, je le laisserai gagner.

Faye n'a pas réellement pardonné à son père mais en acceptant sa personnalité et ses propres sentiments, elle s'est donné la liberté d'éliminer ses pensées négatives et de se tourner vers l'avenir. Avant de se rendre à l'hôpital, Faye fait un saut chez l'assistante sociale qu'elle a rencontrée la veille au soir. Avec son aide, elle soupèse les différentes possibilités d'accompagnement médicalisé dans la région. Un institut privé retient son attention. Il est assez coûteux mais offre l'avantage de pouvoir accueillir à la fois son père et sa mère. Ils pourraient vivre à leur rythme dans leur propre appartement tout en bénéficiant de soins médicaux vingt-quatre heures sur vingt-quatre. Soutenue par la conviction d'agir au mieux de leurs intérêts, Faye entreprend de leur expliquer sa résolution. Nora est d'abord effondrée, puis finit par admettre que c'est la meilleure solution. Art reste silencieux. Est-ce à cause de sa maladie, une prise de conscience de la situation ? Il semble plus égaré que jamais.

Après avoir quitté ses parents, Faye est à nouveau prise de doutes :

> Ai-je vraiment pris la bonne décision ? Pourquoi ne viendraient-ils pas chez moi ? Nous pourrions les installer au rez-de-chaussée. Je ne veux pas qu'ils meurent dans une institution. Cela serait moins onéreux de les faire venir à la maison…

Cette fois, la petite voix qui murmure ces paroles n'est pas celle de Art mais celle de Nora, Nora qui l'a élevée dans l'idée de sacrifice. Faye est ébranlée. Mais rapidement, la culpabilité l'envahit. « Comment faire ? se torture-t-elle. Quelle que soit la solution vers laquelle je me tourne, je me sens coupable. Coupable envers mon mari, mes enfants, coupable d'abandonner mes parents. »

Elle passe de longues heures à se débattre avec ce cas de conscience avant finalement de s'en libérer en s'adressant mentalement à sa mère :

> Maman, je ne peux pas, pas cette fois. Je ne peux pas tout sacrifier. Cet établissement représente la meilleure solution pour tout le monde.

Ce sursaut salutaire n'a été possible que parce que Faye a su chasser les petites voix intérieures qui lui étaient étrangères.

L'*overthinking* évolue... sans disparaître

Au fur et à mesure que nous vieillissons, nos rapports familiaux se transforment, modifiant par là même la nature de nos ruminations. Adolescents, on est surtout focalisé sur le désir de se libérer de l'emprise de ses parents. On veut vivre sa vie, sans contrainte. À l'âge de Faye, on a tendance à ruminer sur les difficultés à gérer harmonieusement ses obligations envers sa famille d'origine et celle qu'on a bâtie. Lorsque nos parents vieillissent, on s'inquiète de leur santé, de leur future disparition. Tout au long de l'existence, on ressasse les torts qu'ils nous ont faits, les attentes déçues. Pour évacuer ces problèmes familiaux minants, il est bon de mettre en pratique, comme Faye, les quatre stratégies développées au cours des chapitres précédents :

1. Accepter nos sentiments à l'égard de nos proches

Il est tout à fait normal d'éprouver de la colère ou de la frustration envers eux. On a le droit de ne pas aimer sa famille. Il ne faut pas s'en culpabiliser. Admettre qu'on ne la supporte pas (si c'est le cas) est une étape nécessaire pour reprendre le contrôle de ses pensées.

2. Pardonner

Cela ne veut pas dire oublier les torts ou les blessures qu'on a subis. Cela signifie se débarrasser de ses désirs de revanche ou de vengeance. C'est le seul moyen de reprendre le pouvoir sur sa vie.

3. Limiter ses attentes

Il faut cesser de vouloir changer les gens, d'attendre d'eux des choses qui ne viendront jamais. Par exemple, si votre mère est de nature froide, peu aimante, ne pensez pas qu'un jour elle sera capable de vous témoigner son amour. Sortez-vous cette idée de la tête sous peine d'être cruellement déçue à chaque fois que vous la verrez. En adoptant cette attitude, non seulement vous limiterez votre torture mentale mais vous obtiendrez peut-être avec le temps ce que vous espérez depuis toujours. En effet, un changement de comportement entraîne fréquemment la modification de la dynamique qui sous-tend les rapports entre les individus. En d'autres termes, si vous vous montrez moins avide de signes d'affection, il est probable que votre mère sera plus détendue avec vous.

Quantité de problèmes peuvent créer des dissensions au sein d'une famille : les opinions politiques, le statut social, le mode de vie. La meilleure stratégie pour éviter les conflits (et donc de les ruminer) est de refuser de s'y investir. Ce n'est pas en affrontant votre père ou votre frère que vous les convaincrez de la justesse de vos idées. Ne cherchez pas à avoir raison. Sur de nombreux sujets, il faut accepter le fait que même si vous appartenez à la même famille, vous ne voyez pas obligatoirement le monde de la même façon. Pour remédier à l'*overthinking*, restez à l'écart de ces problèmes, surtout s'ils n'affectent pas réellement votre vie quotidienne.

9.

Le piège parental

Les enfants nous procurent à la fois de grandes joies et d'immenses frustrations. Nous projetons tant pour eux que les difficultés qu'ils rencontrent deviennent presque les nôtres : nous les percevons comme des reflets de nous-mêmes. Alors, nous remettons en cause notre capacité d'être parent, notre auto-estime, notre confiance en nous. De la même façon, notre peu de contrôle sur leurs comportements ou leurs actes – surtout quand ils sont grands – provoque d'inévitables déceptions. Ces deux facteurs combinés créent des conditions idéales aux ruminations. De plus, notre monde moderne ne nous facilite pas la tâche. La question de l'éducation constitue de nos jours un vaste sujet de débat. Qu'est-ce qu'un bon parent ? La réponse n'est pas facile. Devons-nous protéger nos enfants de la société de consommation ? Si oui, jusqu'à quel point ? Comment se prémunir des dangers d'Internet, de la télévision, des mauvaises fréquentations ? Y a-t-il des risques à les surprotéger ? Toutes nous connaissons ces dilemnes. Au fond, la question revient à se demander comment préparer nos enfants à vivre dans le monde qui les attend, un monde en perpétuel bouleversement. Chacun cherche des pistes là où il peut... Les psychologues nous fournissent en permanence des conseils confus et souvent contradictoires. Quoi que vous fassiez, il y aura toujours quelqu'un pour vous dire que vous êtes dans l'erreur. Aux dires de certains spécialistes de la petite enfance, rien ne vaut une mère au foyer, présente et disponible pour favoriser un développement harmonieux. D'autres affirment que la qualité du temps passé est préférable à la quantité. En un mot, mieux vaut une maman épanouie qu'une maman qui sacrifie son travail à contrecœur.

Pour ne rien arranger, nos enfants sont soumis quotidiennement aux diktats des médias, magazines ou émissions de télé qui les bombardent de messages malsains. Comment leur faire comprendre que, contrairement à ce qu'ils entendent, l'important n'est pas de posséder plus de jouets que les copains et que la loi du plus fort ne peut pas être le moteur d'une vie ? Comment leur apprendre des valeurs alors que la société autour d'eux en est de plus en plus dépourvue ? Perdus dans cet entrelacs de dangers, d'informations, les parents – et surtout les mères – ont tendance à ruminer. Elles se demandent : « Suis-je trop laxiste ? Trop stricte ? Ai-je assez d'écoute envers mon fils ? Est-ce que je fais les bons choix ? »

Nous vivons toutes dans la crainte inconsiente d'être traitées de mauvaises mères, d'entendre un jour des reproches dans la bouche de nos enfants en oubliant que cela fait partie du métier de parent. Nous devons intégrer l'idée qu'aucune éducation n'est parfaite. Tous, autant que nous sommes, avons des critiques à formuler à ceux qui nous ont élevés.

Comme dirait l'un de mes amis, qui a choisi cette manière de se déculpabiliser : « Il ne faut pas se faire d'illusions : chaque jour, je commets une erreur envers mon fils dont je sais qu'il parlera avec son thérapeute dans dix ans. »

Notre obsession de solutionner rapidement le moindre problème favorise également l'*overthinking* en matière d'éducation. Lorsque notre fils a des difficultés à s'intégrer dans une école, on l'inscrit ailleurs immédiatement sans lui donner le temps de dépasser son handicap. S'il a des problèmes comportementaux, on se dépêche d'y apposer un diagnostic avant de lui faire donner des médicaments. Par peur qu'il se drogue, on l'abrutit d'activités extra-scolaires pour l'occuper au maximum. Si notre fille semble mal dans sa peau, on lui achète un cadeau pour vaincre son hostilité au lieu de chercher à l'apprivoiser. Par crainte de la réalité et par manque de disponibilité, on ne prend jamais le temps de connaître ses enfants en profondeur, de communiquer avec eux, de leur enseigner les valeurs les plus importantes. On se réfugie dans la quête du palliatif et, forcément, à terme, on rumine parce qu'ils ne ressemblent pas à ce qu'on attend d'eux.

Les femmes sont les principales victimes de ce genre d'attitude. Car ce sont toujours elles que l'on tient pour responsables de l'attitude de leurs enfants ou de leur bien-être. Alors, à la moindre difficulté, elles ressassent, se culpabilisent… Souvent, leur *overthinking* chronique les entraîne encore plus loin. Au-delà des difficultés de leurs enfants, elles ruminent les conflits qui les opposent à leurs partenaires en matière d'éducation.

Au cours d'une étude, j'ai constaté que les femmes qui étaient le moins épaulées au quotidien par leurs conjoints avaient davantage tendance à ressasser que les autres. Au-delà des tâches pratiques – donner le bain, faire à dîner, gronder, habiller –, elles souffraient surtout du manque de partage des missions éducatives. Plus elles étaient en désaccord avec leurs maris sur les valeurs fondamentales – exemple : quand et comment appliquer une punition, choisir un mode de garde… –, plus elles étaient sujettes à l'*overthinking* chronique.

Les femmes ont également toujours le sentiment de devoir se justifier de leurs choix de vie face à la société. Celles qui décident de mener une carrière se sentent souvent montrées du doigt par l'entourage. Elles se culpabilisent et doutent d'elles-mêmes. « Pourquoi ne suis-je jamais à la maison quand mes enfants ont besoin de moi ? » se disent-elles. À l'inverse, celles qui ont choisi de rester au foyer se sentent rejetées, inintéressantes aux yeux des autres. Et personne ne reconnaît vraiment le travail qu'elles fournissent au quotidien. Mon étude m'a révélé que les femmes actives et les « mères à plein temps » ressassent absolument *autant* et de la *même façon*. Les unes comme les autres se reprochent en permanence le peu de temps qu'elles consacrent soit à leur travail, soit à leurs enfants.

Dans ce chapitre, nous allons étudier le cas de Marcia, qui a passé des années à ruminer les problèmes comportementaux de son fils et, par conséquent, le fonctionnement interne de sa famille. Comme on peut s'en douter, son *overthinking* ne l'a pas aidée à envisager avec clairvoyance ses difficultés familiales. Au contraire, cela l'a aveuglée, l'empêchant longtemps d'introduire des changements positifs dans sa vie.

L'*overthinking* maternel

Voilà douze ans, Marcia a abandonné son métier d'institutrice, à la naissance de sa fille Adrienne, en accord avec son mari, Peter. À ses yeux, Adrienne représente l'enfant idéal. Elle a toujours mangé avec appétit, a fait ses nuits à quelques semaines et marché avant un an. Sa blondeur, sa curiosité, sa précocité, sa gentillesse font l'admiration de tout le monde. Sa scolarité s'est déroulée sans anicroche et, en parallèle, elle prend des leçons de piano depuis l'âge de six ans. À neuf ans, elle était même déjà capable de jouer des récitals en solo. En un mot, c'est le genre d'enfant qui fait l'envie des autres parents. Ce qui n'est pas le cas de Timothy, son frère cadet. Depuis toujours, le petit garçon n'a posé que des problèmes. Bébé pleurnichard, il a été incapable de dormir seul jusqu'à l'âge de sept ans et a des rapports conflictuels avec les autres depuis la maternelle. À l'école, ses professeurs se plaignent de son insolence et il a de graves lacunes en lecture et en calcul. Marcia a tenté de l'intéresser à la musique, sans succès. Malgré son goût pour le sport, il est maladroit, mal latéralisé. Son mauvais caractère – et ses explosions de colère – l'ont empêché plus d'une fois d'être sélectionné dans une équipe.

Le contraste entre Adrienne et Timothy est tel que Marcia est souvent prise à parti par les professeurs, son mari et même sa propre mère. « Adrienne est si unique, si parfaite, entend-elle en boucle. Que s'est-il passé avec Timothy ? » Marcia ne sait plus quoi répondre. Elle se refuse à dire que son fils est nul et décevant... En mère aimante, elle est persuadée que Timothy a besoin de temps, qu'il trouvera un jour sa voie.

Mais les commentaires de son entourage la poussent à ruminer :

> Tout le monde semble exiger de moi une explication. Je ne sais pas pourquoi Timothy est si différent d'Adrienne. Les gens se comportent comme si c'était de ma faute. Surtout Peter et ma mère. J'ai élevé Timothy exactement comme Adrienne – je ne comprends pas... Je ne supporte plus d'aller à ces réunions de parents d'élèves. La professeur de Timothy passe son temps à lister ses défauts, ses bêtises. Puis elle me regarde comme si elle attendait une réponse de ma part. Peut-être est-ce de ma faute ? Peut-être ne suis-je pas assez stricte avec lui ? C'est l'opinion de Peter. Il affirme que si je parvenais à lui dicter ma loi, Timothy se calmerait.

Marcia a beau essayer d'être plus ferme, Timothy regimbe contre toute autorité. Les scènes entre eux deux sont violentes. Lorsque Peter intervient, le scénario est encore pire. Il se met à hurler sur son fils et l'expédie dans sa chambre. Puis la tension gagne le couple. Chacun se mure dans un silence glacial, se reprochant mutuellement son comportement. Marcia en veut à Peter de ses interventions, s'en veut de ne pas « savoir tenir » Timothy. La nuit, elle reste éveillée dans son lit, ressassant la dispute. Elle se sent impuissante et coupable.

À l'exemple de Marcia, beaucoup de femmes ont tendance à laisser ce genre de schémas malsains perdurer au quotidien. Elles sont tellement submergées par la force et l'immédiateté du conflit qui les oppose à leurs conjoints, leurs enfants ou leur entourage qu'elles sont incapables de prendre du recul par rapport à la situation. Quand l'ambiance se calme, elles se persuadent que les choses sont définitivement réglées. Aveuglées par un sentiment de soulagement, elles se dépêchent d'oublier le feu qui couve sous la cendre. Résultat, elles ne règlent *jamais* les véritables causes de la querelle. Elles en ressassent les *détails*, ruminent leurs rancœurs, leur colère, s'inquiètent pour leur progéniture et se culpabilisent sur leur capacité d'être de bonnes mères. Ou bien cherchent à résoudre le « problème » au moyen de palliatifs plus ou moins rapides.

C'est ce qui s'est passé pour Marcia. Depuis qu'un des professeurs de l'école lui a dit que Timothy souffrait manifestement d'hyperactivité, elle a repris espoir. Soulagée de pouvoir mettre un nom sur les troubles comportementaux de son fils, elle décide de l'emmener chez le pédiatre en vue de lui faire prescrire de la Ritaline. Mais à sa grande déception ce dernier préconise une évaluation psychologique avant tout traitement médicamenteux. Marcia et Peter acceptent à contrecœur de rencontrer le Dr Glass, une thérapeute spécialisée dans l'hyperactivité infantile. Après avoir fait passer des tests cognitifs à Timothy, posé d'innombrables questions sur sa petite enfance et sur le fonctionnement interne de la famille, le Dr Glass les convoque une nouvelle fois. À leur grande surprise, elle remet d'emblée en cause leurs certitudes :

– Je ne suis absolument pas convaincue que Timothy soit un hyperactif, dit-elle. En revanche, je suis sûre qu'il a besoin d'aide, à la fois pour contrôler ses réactions et rattrapper son retard en lecture et calcul. Je pense également que vous devez modifier votre façon de vous adresser à lui, trouver d'autres moyens de l'encourager et de le punir.

Tandis que Marcia reste silencieuse, Peter laisse échapper sa fureur :

– Comment osez-vous nous rendre responsables ? Notre fille aînée est parfaite – nous sommes de bons parents. Timothy a un problème. Vous devriez vous en rendre compte. Notre famille est tout à fait normale, crie-t-il avant de sortir en trombe du cabinet.

Marcia a beau partager l'avis de Peter, elle est excessivement gênée par ce qui vient de se passer. À l'exemple de beaucoup de femmes, elle refuse d'accepter sa propre colère intérieure et craint l'opinion qu'on peut avoir d'elle, au travers de l'attitude de son mari. Alors, elle commence par s'excuser.

Le Dr Glass lui sourit, apparemment peu déstabilisée par l'incident.

– Vous n'êtes pas responsable du comportement de votre conjoint. Ni de celui de Timothy. Mais vous pouvez le modifier en changeant votre façon d'être. Cela l'aidera beaucoup. Pour commencer, je voudrais que vous notiez par écrit tout ce que vous attendez de votre fils, vos rêves et espoirs le concernant. Puis, en face de chaque élément, précisez d'où vous viennent ces attentes. Si vous le souhaitez, j'aimerais vous revoir, ainsi que votre époux, dans une semaine.

Sur le chemin du retour, Peter se réfugie dans la mauvaise humeur.

– Comment ose-t-elle nous demander de changer ? Elle est incompétente. Si, à cause d'elle, le pédiatre refuse de nous donner un médicament pour Timothy, alors nous changerons de médecin !

Au cours de la soirée, profitant d'un instant de calme, Marcia prend une feuille de papier et réfléchit à ce que lui a demandé le Dr Glass. Au fond d'elle, elle est convaincue que la thérapeute se trompe mais elle voit dans cette démarche un moyen de calmer ses angoisses. Pendant toute la journée, elle n'a pu s'empêcher de ressasser les paroles du médecin et la violente réaction de Peter.

> Comment ose-t-elle dire de changer d'attitude ? À croire que c'est à cause de nous que Timothy a des problèmes scolaires ! On me rend toujours responsable de ce qui lui arrive. Peter s'est comporté comme un imbécile, j'étais très mal à l'aise. Et puis il me parle comme si j'étais une gamine ou un de ses employés. Il n'écoute jamais, il ordonne.

Quelques minutes plus tard, Marcia a écrit :

– Je voudrais qu'il travaille bien à l'école.
– Je voudrais qu'il soit sage et obéissant.
– Je voudrais qu'il réussisse une activité.
– Je voudrais qu'il s'entende bien avec les autres enfants.

En relisant ces quelques phrases, Marcia s'estime satisfaite. Mais la seconde partie de la tâche que lui a confiée le Dr Glass lui paraît absurde. Après tout, ce qu'elle attend de son fils n'a rien que de très normal. La plupart des enfants atteignent ces objectifs sans difficulté. Après tout, Adrienne a...

Puis, Marcia se reprend. Elle se rend compte qu'au fond, elle a toujours espéré que Timothy ressemblerait à Adrienne, qu'elle l'a toujours jugé à l'aune de sa sœur.

Si tous les parents pratiquaient l'exercice du Dr Glass, ils s'apercevraient bien souvent que leurs attentes concernant leurs enfants leur sont insufflées pour de mauvaises raisons.

Soit par la pression de l'entourage, soit par une fâcheuse tendance à la comparaison. Marcia n'échappe pas à la règle. Elle compare son fils et sa fille, suivant en cela l'exemple de sa mère, de son mari et des professeurs. Elle comprend que c'est une attitude toxique. Elle doit cesser d'écouter l'opinion des autres et regarder Timothy tel qu'il est. À cette pensée, la culpabilité l'envahit :

> Comment ai-je pu lui faire ça ? Ça doit être terrible pour lui d'être toujours comparé à Adrienne ? Comment ai-je pu laisser les gens se comporter ainsi envers lui ?

Consciente que ruminer la précipite dans le désespoir, Marcia utilise dans un premier temps la stratégie de la « police de la pensée ». Elle arrête son *overthinking* et tente de se focaliser sur son objectif principal : aider son fils. Puis elle modifie sa vision de la situation en se demandant : « Qu'est-ce que je souhaite pour lui ? »

> Je l'aime suffisamment pour vouloir son bonheur. Peu importe qu'il soit différent d'Adrienne. Je veux qu'il fasse ce qu'il aime.

Cette prise de conscience ne lui amène qu'un soulagement provisoire. Car elle se rend compte qu'elle ne sait pas quels sont les véritables désirs de son fils. Elle ignore même de quoi il est capable. Inconsciemment, elle l'oppose depuis si longtemps à sa sœur qu'elle ne le connaît pas. Le poids du remords l'étouffe. « Comment peut-on méconnaître son propre enfant ? se dit-elle. Je ne devais pas l'aimer assez pour nier son individualité… » Mais au lieu de se flageller mentalement comme elle l'aurait fait d'habitude, Marcia accepte de se remettre en question. Elle décide d'abord de refuser ces pensées négatives qui la tirent vers le bas puis prend de la hauteur. Ce qui compte avant tout, c'est de savoir ce que veut son fils et ce dont il a besoin. Son amour pour lui l'emporte sur son autodénigrement. Elle jette sur une feuille de papier toutes les idées qui lui viennent, les différents moyens d'apprendre à mieux le comprendre.

– Demander les résultats des tests cognitifs et interroger le Dr Glass – quels sont les potentiels de Timothy et comment concrètement l'aider en lecture et en calcul ?

– Passer plus de temps avec lui – sans le forcer.

– L'écouter et le regarder davantage.

– Lui parler de ce qu'il aime (au lieu de toujours mentionner ses échecs).

Pour la première fois depuis bien longtemps, Marcia se sent plus légère, pleine d'espérance. Elle a cessé de vouloir « soigner » Timothy. Bien qu'elle se reproche le temps perdu et ses erreurs d'appréciation sur la situation, elle sait qu'elle doit se libérer de ces voix intérieures qui lui sont étrangères, des pensées polluantes insufflées par les autres et concentrer son énergie à découvrir la personnalité de son fils.

Pour réussir une mission éducative, il faut savoir se pardonner à soi-même. Les comportements ou les actions induits par la culpabilité provoquent des blessures à retardement et de l'auto-indulgence. Au lieu d'agir dans l'intérêt de l'enfant, on tente inconsciemment de se « faire du bien », d'oublier ses erreurs.

Mais le pardon ne suffit pas, il doit être suivi de repentance. Cela ne sert à rien de se pardonner d'avoir mal agi si l'on continue à se comporter de la même façon. Par exemple, si vous perdez votre sang-froid face à votre fils, ne vous consolez pas en vous disant que vous êtes irascible à cause de votre travail... Ça, ce n'est pas s'excuser, c'est juste rationaliser sa colère. Et c'est inefficace.

Au cours des jours suivants, Marcia s'approche de Timothy. Au lieu de lui demander, le soir après l'école, s'il a été sage, si tout s'est bien passé, elle l'interroge sur ce qu'il a fait ou appris. Dans un premier temps, Timothy a du mal à se livrer. Mais au bout d'une semaine, il commence à lui raconter des petits détails de sa vie quotidienne. À sa grande surprise, Marcia s'aperçoit qu'il ne parle que de sport. Pas de résultats ou de technique mais de connaissances encyclopédiques, historiques. Il connaît par cœur les records des joueurs professionnels de baseball, de soccer ou de hockey. Comme il est le seul dans la famille à avoir cette passion, il l'a gardée pour lui.

À l'exemple de Marcia, on peut apprendre beaucoup sur ses enfants lorsqu'on cesse de vouloir les contrôler, les figer dans un schéma prédéterminé. On perd beaucoup de temps et d'énergie à chercher à remporter des batailles sur eux, à leur imposer ce qui nous paraît « bien ». Dans ces conditions, comment découvrir leurs vraies natures ou leurs soucis ? Le plus gros danger est d'investir sa propre estime de soi dans leurs succès ou leurs échecs. C'est la meilleure façon de s'aveugler sur ce qu'ils sont. Beaucoup de parents sont obsédés par l'image que leur renvoie leur progéniture. Ils se sentent rassérénés lorsque leur fils et leur fille sont talentueux, populaires, bien élevés mais honteux et coupables quand ils les sentent fragiles, différents.

Évidemment, les enfants ressentent confusément ces attentes et y répondent. C'est ainsi qu'ils peuvent se plier à des activités qu'ils n'aiment pas, chercher à atteindre des objectifs trop ambitieux dans le seul but de faire plaisir à leurs parents. D'autres, plus rebelles, comme Timothy, rejettent ces désirs pesants jusqu'à se réfugier dans l'autodestruction.

Sans en parler à Peter, Marcia se rend au rendez-vous prévu avec le Dr Glass et lui explique les importantes découvertes qu'elle a faites sur elle et Timothy, comment elle s'est rendu compte qu'elle le comparait depuis toujours à Adrienne.

– Certains parents mettent toute une vie pour comprendre une chose pareille, lui répond le médecin. Vous, vous y êtes parvenue en une journée.

Puis, Marcia l'interroge sur les tests cognitifs de Timothy et sur la façon dont elle pourrait l'intéresser à la lecture et au calcul en s'appuyant sur sa passion pour le sport. Alors qu'elle s'apprête à quitter le cabinet, le Dr Glass lui lance tout à trac :

– Vous allez devoir gérer l'attitude de Peter envers Timothy. J'espère que vous le savez ! Si vous voulez que vos efforts aboutissent, votre mari doit vous y aider…

Marcia est comme beaucoup de femmes. Elle répugne à affronter son mari sur le terrain de l'éducation des enfants. Elle aimerait pouvoir régler seule ses problèmes familiaux. Bien que Peter ne soit pas réellement brutal, il se comporte de façon assez toxique avec Timothy. Ses explosions de colère nuisent à l'estime de soi de son fils. Plus il se montre critique vis-à-vis de lui, plus ce dernier se replie sur lui-même et puise dans la rébellion une façon de s'opposer à son père, allant jusqu'à l'imiter dans la gestion de ses frustrations.

Au fond, ce que Marcia redoute, c'est de devenir la cible des reproches de Peter. Comment lui faire comprendre qu'il doit changer d'attitude envers Timothy sans déclencher son courroux ? Non contente de ruminer ce problème, elle cherche de façon classique à éviter une telle situation. Sentant sa réticence, le Dr Glass la questionne alors sur son couple.

– Votre conjoint s'est-il déjà montré violent envers vous ou vos enfants ? Croyez-vous qu'il pourrait le devenir ?

– Non.

– Racontez-moi comment se déroule une dispute entre Timothy et son père ? Comment y réagissez-vous ?

– Eh bien, la semaine dernière, Peter s'est mis à hurler contre Timothy en lui demandant « ce qui n'allait pas chez lui ». Timothy n'a pas répondu et s'est enfermé dans sa chambre. Je reconnais que je n'ai rien dit… Pourtant j'étais furieuse contre Peter, à cause de sa dureté. D'ailleurs, on ne s'est plus parlé de toute la soirée.

– Pourrions-nous rejouer la scène ? Je vais prendre le rôle de Peter et vous allez essayer de vous comporter différemment.

Bien qu'elle n'ait aucune idée de la façon dont elle pourrait s'adresser à son mari, Marcia accepte. En réentendant les paroles de Peter prononcées par le Dr Glass, elle explose :

– Arrête de lui crier dessus ! Ce n'est qu'un petit garçon ! Laisse-le tranquille. Tu es trop méchant avec lui.

La psychologue l'interrompt :

– Ce genre de phrases place votre époux en position d'accusé. C'est très dur de s'entendre dire des choses pareilles. Ces propos risquent de provoquer une dispute entre vous. D'abord, je vous suggère d'attendre qu'il soit calmé avant de lui parler. Ensuite, tentez de répondre avec assurance et fermeté sans tomber dans l'agressivité.

La deuxième phase du jeu de rôle est plus probante. Peu à peu, Marcia parvient à se positionner face à Peter. Voilà un exemple des paroles que le Dr Glass lui conseille :

– Timothy se sent très mal quand tu lui hurles dessus. En plus, il ne comprend pas. Moi aussi, cela m'angoisse. Il faut trouver une autre façon de communiquer avec lui.

Au cours des jours suivants, Marcia n'en finit pas de ruminer sa crainte d'affronter Peter. Depuis quelques années, ce dernier est devenu dominateur. Pourtant, ça n'a pas toujours été le cas. Lorsqu'ils étaient jeunes mariés, ils partageaient de nombreuses passions et Marcia n'avait aucun mal à exprimer ses points de vue. Tout a changé lorsque sa carrière professionnelle a pris de l'essor. Depuis qu'il est devenu directeur d'un important service de sa société, il a tendance à se comporter à la maison comme au bureau. Les conversations sont de plus en plus rares. La plupart du temps, il se contente de donner des ordres, sans supporter qu'on le contrarie. En parrallèle, la vie de Marcia s'est rétrécie autour de son foyer. L'essentiel de ses journées est consacré aux enfants, aux tâches domestiques. Peter a beau faire mine de l'écouter, la seule chose qui retient son attention ce sont les bêtises de son fils. Le moindre problème le rend irascible, déclenche sa frustration. Au fond, le couple n'a plus que trois sujets de conversation : l'organisation de la maison, les succès d'Adrienne et les échecs de Timothy.

Mais à force de ressasser, Marcia est incapable de se rendre compte de ce qu'est devenu son mariage. Son *overthinking* se concentre sur les disputes qu'elle a avec Peter, sur ses propres mouvements de colère, sa culpabilité et son sentiment d'incompétence.

> Il me traite comme une de ses employées. Il pense que mon rôle est d'obéir aux ordres. Pourquoi ai-je supporté ça pendant des années ? Parce que je suis coincée, soyons honnête. Je n'ose pas l'affronter de peur qu'il me quitte. Que deviendrais-je ? Les enfants ont besoin de leur père. Pourtant, il est tellement nul que Timothy se porterait certainement mieux sans lui. Non, je n'ai pas le droit de dire ça. Un garçon a besoin de son papa – c'est une vérité. Pourquoi suis-je si faible en face de Peter ? Il me marche dessus. Je ne pense pas pouvoir changer notre couple. Je me sens piégée.

Marcia en est là de ses réflexions, un après-midi, quand Timothy s'avance vers elle, le visage rayonnant :

– Maman, regarde ! J'ai additionné tous les joueurs de base-ball des différentes équipes américaines. Tu peux vérifier si je me suis trompé ?

Marcia est submergée de fierté. C'est la première fois que Timothy s'est lancé volontairement dans un travail personnel. En plus, le résultat est correct. Face à la joie de son fils, elle sait qu'elle ne pourra plus éviter la confrontation avec Peter. Pour le bien de Timothy et de la famille, elle doit l'amener à changer d'attitude. Elle n'est pas très sûre de ce que cela va donner mais elle décide de prendre le risque. Tant pis si Peter se met en colère, elle a déjà vécu de nombreuses scènes. Elle se sent capable de le supporter.

Comme Marcia et Peter, de nombreux couples s'éloignent l'un de l'autre au fil des années. La vie professionnelle, les centres d'intérêt divergents les séparent progressivement. Peter a laissé son travail envahir sa vie familiale. Son image de « chef » et sa volonté permanente d'« être en contrôle » a peu à peu empoisonné ses relations avec son entourage. Pendant ce temps, Marcia s'est recroquevillée sur elle-même. C'est une situation assez classique – et dangereuse – qui touche beaucoup de femmes. On est forcément plus vulnérable quand on n'a pas ou peu de soutien et d'estime de soi en dehors de son cadre personnel. Lorsqu'un problème arrive dans la famille, c'est comme si l'univers entier était sur le point de s'effondrer. Heureusement, les enfants représentent souvent une excellente motivation pour améliorer la situation. C'est sur eux qu'il faut s'appuyer pour faire redémarrer une relation frustrante ou routinière. L'amour qu'on leur porte, leur bien-être sont de puissants vecteurs de changement.

Ce soir-là, une fois que les enfants sont couchés, Marcia rejoint Peter dans le salon. Elle a le sentiment que c'est le bon moment pour aborder une discussion de fond.

– Peter, attaque-t-elle, je voudrais te parler. C'est au sujet de Timothy.

– Qu'est-ce qu'il a encore fait ? rétorque ironiquement Peter.

– Il a été merveilleux. Il a solutionné tout seul un problème de calcul. Tu l'aurais vu, il était rayonnant. Je suis fière de lui.

– Il est temps qu'il s'y mette, persifle-t-il.

– Peter, hésite Marcia, je suis bouleversée lorsque tu

critiques Timothy. Lui aussi, ça le rend malheureux. Je pense qu'il s'en sortirait mieux si tu l'encourageais davantage.

– Je ne le critique pas ! Je veux qu'il marche droit. Il n'aura jamais de bonnes notes s'il ne travaille pas plus dur et s'il ne se comporte pas mieux.

– Tu es trop dur avec lui. Tu n'as jamais de relations positives, tu le grondes pour un rien. Tu sais, j'ai découvert qu'il avait de nombreuses passions. Par exemple, il adore l'histoire du sport. Quand je lui en parle, son visage s'éclaire. Pourquoi ne nous en sommes-nous pas aperçus ? On s'est toujours focalisés sur ses échecs au lieu de regarder ses capacités. Et on a eu tort de toujours le comparer à Adrienne.

Marcia se tait, légèrement inquiète.

– Il aime l'histoire du sport ? Tiens, c'est bizarre. Personne ne s'y intéresse dans notre famille. D'où il tient ça ?

– Je n'en sais rien et ça n'a pas d'importance. Ce qui compte, c'est que ça le rende heureux. Tu sais, dans ce domaine, il se débrouille très bien, mieux que je le pensais.

Marcia examine le visage de Peter, s'attendant à y lire de la colère ou de l'agacement. À sa grande surprise, il a l'air attendri, détendu.

– Ainsi, tu penses qu'on le compare trop à Adrienne ? Au fond, c'est peut-être vrai. Il faut dire qu'elle met la barre très haut.

Marcia est tellement interloquée par sa réaction qu'elle ne sait plus quoi répondre. Elle a envie de lui dire qu'il est le premier à avoir mis leur fille sur un piédestal mais, en se rappelant les paroles du Dr Glass, elle choisit d'assumer ses propres responsabilités. Après tout, elle aussi s'est longtemps montrée déçue par leur fils. Elle explique alors comment, en discutant avec Timothy, elle est parvenue à mieux le connaître. De son côté, Peter reconnaît qu'il ne passe jamais de temps seul avec lui. Il promet de faire des efforts, en l'emmenant de temps en temps voir un match de base-ball.

La construction d'une nouvelle famille

Au cours des deux mois suivants, l'atmosphère domestique connaît une lente mais sûre amélioration. Marcia et Peter s'efforcent d'améliorer leurs rapports avec leur fils. Ce qui semble porter ses fruits. Bien que Timothy ait encore quelques difficultés relationnelles avec ses copains, il travaille mieux à l'école et les professeurs se montrent plus satisfaits de lui. Après consultation du Dr Glass, Marcia lui fait donner des cours particuliers de calcul et de lecture. Elle a compris qu'elle doit s'appuyer sur les autres pour modifier le canevas familial. Malgré cela, son *overthinking* ne disparaît pas complètement. Un soir, après une violente dispute entre Peter et son fils, il reprend même de plus belle.

Tout commence lorsque Peter apprend que Timothy a été renvoyé de l'école pour avoir frappé un camarade à l'estomac. La scène est terrible. Sans écouter la version et les excuses de son fils, Peter se met à hurler. Tim, en pleurs, s'enferme dans sa chambre. Désespérée, Marcia se réfugie dans son lit. Des torrents de pensées négatives tournent dans son esprit :

> Comment ai-je pu croire que les choses s'amélioreraient ? Peter ne changera jamais. Je ne peux plus supporter ça. Mais je suis incapable de m'occuper de Tim toute seule. Comment a-t-il pu frapper un autre élève ? Ai-je été trop indulgente avec lui ? De quoi souffre-t-il ? A-t-il hérité du tempérament colérique de son père ? La situation semble sans espoir. Je ne sais pas quoi faire. Je suis à bout.

Quand Peter entre dans la chambre, Marcia est en larmes. Devant son désespoir, il comprend qu'elle est bouleversée par la querelle qui vient de se produire.

– Je suis désolé, dit-il d'emblée. J'ai perdu mon sang-froid. J'étais si fier des progrès qu'il avait accomplis que lorsque j'ai su qu'il avait frappé un autre gamin, j'ai explosé. Je vais aller lui parler et m'excuser. Crois-tu qu'on ait besoin d'aide ? Que dirais-tu d'aller consulter ce Dr Glass, tu sais, cette femme qu'on a rencontrée il y a quelques mois ?

En entendant ce discours, Marcia s'adoucit. Sans lui avouer qu'elle a vu la psychologue plusieurs fois au cours des dernières semaines, elle le serre dans ses bras.

– Je suis d'accord, dit-elle.

Tandis que Peter part rejoindre son fils, elle sent son cœur se gonfler d'espoir. On va nous aider, tout va s'arranger, pense-t-elle, d'abord soulagée, avant finalement de se rendre compte qu'elle ne peut plus supporter d'être ainsi ballottée par les événements.

> Je suis pathétique. C'est insupportable d'être en permanence sur des montagnes russes. Je suis trop impliquée dans cette famille. Si je veux retrouver un équilibre émotionnel, je dois vivre un peu pour moi.

Trouver de nouvelles sources d'estime de vous-même, se lancer dans de nouvelles activités profitent à la fois à votre bien-être et à celui de vos enfants. Pour devenir des adultes responsables et matures, ces derniers ont besoin d'une certaine indépendance. Trop les étouffer nuit à leur développement affectif. Ils sont tout à fait capables de sentir et d'accepter que leur mère a besoin d'exister en dehors du cercle familial. Et ils apprennent à respecter son autonomie et ses centres d'intérêt.

Marcia a utilisé plusieurs stratégies pour éviter de retomber à long terme dans le piège de *l'overthinking*.

– Élargir son image d'elle-même : elle n'était pas la

seule responsable de l'épanouissement de ses enfants et de l'attitude de Timothy.

– Élargir l'image des autres membres de sa famille : pour elle, tout était ou blanc ou noir. Soit Peter était un père parfait, soit un mauvais exemple pour ses enfants ; soit elle se voilait la face, soit elle dramatisait la situation ; soit Tim était merveilleux, soit il échouait tout ce qu'il entreprenait. Ce genre de vision manichéiste provoque inévitablement l'*overthinking*.

Marcia a eu besoin d'envisager la situation dans sa complexité. Peter n'est peut-être pas parfait mais il aime son fils et travaille à modifier ses rapports avec lui. De la même façon, Tim a un comportement parfois inexcusable mais il est aimant et possède de nombreuses capacités.

Marcia a encore un long chemin à faire. Mais en se libérant de ses ruminations, en modifiant sa vision de Timothy, en acceptant ses incertitudes, elle a eu une influence très positive sur sa famille en l'espace de quelques mois. Grâce aux conseils du Dr Glass, elle a découvert que l'*overthinking* ne l'aidait pas à surmonter ses problèmes. Bien au contraire.

10.

L'obsession professionnelle

Le travail est un fréquent sujet d'*overthinking*. La vie professionnelle accapare l'essentiel de nos journées et dans une vie nous passons plus de temps au bureau que chez nous. Il est donc logique que le moindre conflit avec un collègue, le moindre différend avec notre patron – ou plus simplement l'ennui ou la frustration – soient sources de ruminations désagréables. En outre, pour beaucoup d'entre nous, le travail est une importante facette de notre image personnelle, de notre auto-estime. Lorsqu'on est prisonnier d'une tâche inintéressante, on se sent facilement frustré ou avili. On peut avoir honte également d'être employé pour des activités subalternes, à l'opposé de nos objectifs ou de nos valeurs. Plus concrètement, certaines difficultés professionnelles ont une incidence sur notre vie quotidienne. Des réductions de salaire ou des périodes de chômage technique handicapent fortement notre niveau de vie.

Le monde du travail a énormément changé depuis une vingtaine d'années. Et pas dans le bon sens. Aujourd'hui, malgré des compétences et des qualifications, on n'est plus assuré de garder toute sa vie le même emploi. Les salariés vivent avec le spectre du chomâge, dans une insécurité parfois dramatique. Les fusions de sociétés, les fluctuations des marchés boursiers et les transformations technologiques provoquent une grande instabilité. Il est fréquent de voir des gens perdre leur situation à quelques années de la retraite, après trente ans de bons et loyaux services. Un bon diplôme n'est plus réellement une garantie. En cinq ans, il peut devenir obsolète. L'effondrement des start-up au début de l'an 2000 est l'illustration parfaite de la fragilité actuelle du monde professionnel. Un jour, on peut être au sommet et le lendemain devoir tout recommencer.

Notre positionnement psychologique par rapport à notre métier a également beaucoup évolué depuis plusieurs décennies. Nous avons tendance à en attendre toujours plus. On rêve tous d'un travail épanouissant, bien payé. Aujourd'hui, nombreux sont ceux qui refusent l'idée, comme le faisaient leurs parents, de travailler dur pour monter dans l'échelle sociale : on veut tout, immédiatement, et on se laisse facilement enivrer par les *success-stories* dont se nourrissent les médias. On a le sentiment qu'en faisant le bon choix de carrière, en développant ses réseaux relationnels, on atteindra le nirvana professionnel. Comment, dans ces cas-là, se satisfaire d'une réalité moins attrayante ? On a l'impression de ne jamais gagner assez, de ne jamais obtenir la reconnaissance qu'on mérite.

Alors, on se réfugie dans les « solutions faciles » : on change de poste, d'employeur, en pensant trouver demain une situation idyllique, sans s'interroger sur les vraies raisons de nos problèmes professionnels – déficits de compétences ou de talents, manque de formation, absence d'objectifs.

Le manque de valeurs personnelles est évidemment un facteur aggravant. Comment savoir quel genre de profession nous convient si l'on ne se connaît pas soi-même ? Comment trouver un travail épanouissant quand on ignore les objectifs intimes que l'on veut remplir ? Bien sûr, certaines personnes n'ont comme seul but que d'atteindre un niveau social élevé ou de gagner beaucoup d'argent. Quoi qu'elles pensent, à terme ces quêtes superficielles ne sont jamais satisfaisantes. Cela ne peut en aucun cas remplir une vie.

Prenons l'exemple de Janice, professeur dans l'enseignement supérieur. Pendant sept ans, elle a sacrifié sa vie personnelle et sentimentale pour réaliser son rêve, être titularisée dans la plus prestigieuse université du pays. Quand elle a finalement atteint son but, elle a fait une dépression. Voilà quelques-unes des réflexions qui sapaient son quotidien :

> Que vais-je faire maintenant ? Ce travail ne m'apporte pas ce que j'en attendais. J'ai gâché ma vie pour ça… et je ne suis même pas sûre d'aimer ce que je fais…

Certains se lancent dans des carrières qu'ils n'ont pas vraiment choisies mais qui leur ont été imposées par leurs parents, leurs conjoints ou leur entourage. C'est le cas de Randi. Depuis son plus jeune âge, cette jeune fille de dix-huit ans a montré des dons étonnants pour le tennis. Après avoir gagné plusieurs titres régionaux, on lui a offert une bourse pour intégrer une école sport-études. Mais ses parents, missionnaires fondamentalistes, avaient pour elle un autre rêve. Sans refuser explicitement qu'elle se lance dans une carrière sportive, ils l'ont élevée dans l'idée qu'on ne s'opposait pas aux volontés du Seigneur. Résultat, Randi a suivi la voie qu'on lui avait assignée depuis sa naissance. Elle s'est inscrite dans un collège religieux et s'est contentée de jouer au tennis dans l'équipe de son école. Au bout de quelques années, elle est devenue professeur dans une institution confessionnelle. Bien que sa vie fût remplie, elle ne pouvait s'empêcher de penser aux rêves qu'elle avait abandonnés et, confusément, ressentait une grande culpabilité devant les frustrations vécues au quotidien.

⁂

L'univers professionnel est particulièrement propice à l'*overthinking* féminin. En effet, les femmes y sont soumises plus qu'ailleurs aux discriminations sexuelles ou au harcèlement, et ce même si les signaux sont difficiles à déchiffrer. Imaginez le cas d'un chef de service qui s'octroierait le mérite de votre travail... Comment comprendre son comportement ? Est-il tout simplement mysogyne ou a-t-il tendance à sous-estimer en général les efforts de ses subalternes ? De la même façon, vous pouvez vous demander pourquoi il vous a invitée chez lui pour discuter du budget du service... Est-ce pour vous draguer ou parce qu'il aime recevoir ses collaborateurs, homme ou femme, dans un cadre convivial ? Toutes ses questions nourrissent l'*overthinking*.

Les relations de bureau sont également une grande source de ruminations. Comme je l'ai déjà expliqué, les femmes possèdent cette capacité de s'impliquer émotionnellement avec les autres. Alors, au moindre dérapage, au moindre conflit, elles ont tendance à se perdre en conjectures. Elles ont particulièrement du mal à travailler en collaboration avec quelqu'un qu'elles n'aiment pas ou en qui elles n'ont pas confiance et dissèquent – parfois jusqu'à la paranoïa – l'attitude de tel ou tel collègue.

Le monde du travail induit également la compétition, une chose difficile à vivre pour les femmes. Plus encore que dans notre vie de tous les jours, nous y sommes jugées sur nos compétences et nos mérites. Ces évaluations censées être objectives sont vécues par beaucoup d'entres nous comme un jugement personnel.

En compagnie de la psychologue Tomi-Ann Roberts du Colorado College, j'ai réalisé récemment une étude sur la perception qu'avaient les hommes et les femmes de l'analyse de leurs performances. Nous leur avons demandé de solutionner un problème géométrique assez complexe puis, sans tenir compte des résultats, nous avons porté au hasard deux jugements à voix haute : « Vous avez mieux réussi que vos collègues » ou « Vous avez moins bien réussi que les autres ». Les hommes sont parvenus à se focaliser sur l'opinion positive en s'empressant de chasser la négative, celle qui les dérangeait le plus. Finalement, ils se sont montrés capables de garder une bonne image d'eux-mêmes sans se soucier de la véracité des résultats. Les femmes, elles, ont pris au pied de la lettre les deux verdicts pourtant opposés, se concentrant principalement sur le plus critique. Leur moral est même très nettement descendu à la suite de cette évaluation. Vu leurs réactions devant un simple problème géométrique, imaginez ce qu'elles doivent endurer tous les jours au bureau devant les jugements de leur patron !

Ruminer ses soucis de travail peut avoir de graves conséquences. En effet, la vie professionnelle exige une grande réactivité, la capacité d'apporter des solutions pratiques et une forte confiance en soi. Lorsqu'on est une *overthinker*, on en est incapable. Prenons l'exemple de Vera, secrétaire dans une société de consultants. Son employeur vient de lui confier la tâche de réorganiser le système des boîtes aux lettres après le départ de certains employés. A priori, la tâche n'est pas compliquée, mais c'est compter sans son *overthinking*. À peine Vera commence-t-elle à envisager plusieurs solutions que de multiples interrogations se pressent dans son esprit :

> Comment procéder au meilleur classement ? Comment vont réagir les gens ? Si je classe les boîtes par ordre alphabétique, les cadres supérieurs risquent de se sentir vexés. Si je me contente de l'échelon hiérarchique, je vais me mettre à dos une grande partie du personnel.

Plus Vera tente de prendre une décision, plus elle est perdue dans un entrelacs de pensées. Elle imagine des scènes de confrontations, des critiques acerbes. Une heure plus tard, elle est toujours plantée, immobile, devant les boîtes aux lettres sans avoir commencé. Bien évidemment, elle finit par se faire réprimander par son patron.

L'histoire de Vera est une excellente illustration des dangers de l'*overthinking* au travail. Non contentes de saper vos performances, les ruminations peuvent mettre votre emploi en danger. Au cours d'une étude menée au sein de plusieurs entreprises, j'ai découvert que les *overthinkers* chroniques craignaient davantage le chômage que les autres et étaient en général moins satisfaits de leur situation.

Que faire quand on passe son temps à ressasser ses problèmes professionnels ? Lisez attentivement ci-dessous l'histoire de Abby. Peut-être pourrez-vous en tirer quelques enseignements...

*Abby ou l'exemple d'un parcours miné par l'*overthinking

Abby est, depuis quelques années, acheteuse dans la mode. Son originalité vestimentaire, son sens inné du commerce semblent l'avoir prédestinée à cette carrière. Pourtant, avant de trouver sa voie, son cheminement professionnel a longtemps été chaotique. Malgré son diplôme en histoire de l'art, elle a commencé par travailler au guichet d'une banque tout en continuant de vivre chez ses parents. Au grand dam de son père qui lui reprochait son manque d'ambition. « J'ai dépensé plus de sept cent mille dollars pour tes études, lui répétait-il. Pourquoi te contentes-tu de manipuler l'argent des autres au lieu d'en gagner toi-même ? »

La nuit, au moment de s'endormir, Abby était envahie par des flots de pensées négatives :

> Papa a raison. Il s'est saigné aux quatre veines pour moi et je ne sais pas le remercier. Pourquoi ai-je choisi de faire de l'histoire ? À quoi cela peut-il bien me servir ? Je

> n'ai pas assez réfléchi. Je me suis contentée de m'inscrire en faculté sans savoir où j'allais. Et me voilà coincée dans ce boulot ennuyeux… Je ne peux plus le supporter. Que vais-je faire ?

Au bout de six mois derrière son guichet, Abby est si déprimée qu'elle passe ses heures de loisir devant la télévision. Un après-midi, son père la surprend allongée sur le canapé du salon et se met à crier :

– Pourquoi ne travailles-tu pas ? Je ne supporterai pas de te voir traîner comme une feignante ! Lève-toi ! Va t'occuper ! Puisque tu n'as rien à faire, va chercher du boulot… Au moins, tu subviendras à tes besoins.

Sans chercher à se justifier, Abby grimpe l'escalier quatre à quatre, claque la porte de sa chambre et se met à pleurer :

> Je ne peux plus vivre avec ce type. Il faut que je déménage. Peu importe si je n'en ai pas les moyens. Et puis je vais quitter la banque… Je suis sûre de trouver un travail plus intéressant et mieux payé. Je vais lui montrer… Je ne lui reparlerai que lorsqu'il se sera excusé.

Abby téléphone à son amie Gina pour lui demander si elle peut l'héberger quelques nuits, puis fait sa valise. Malgré les supplications de sa mère, elle quitte la maison familiale sans avoir adressé la parole à son père. Le lendemain, elle démissionne de la banque sur un simple coup de fil. Cette décision lui donne un immense sentiment de soulagement et de triomphe, même si, au fond d'elle, elle sait qu'elle aurait dû demander une lettre de référence. Mais elle chasse vite cette pensée et se plonge dans les offres d'emplois. Malheureusement, il n'y a rien qui lui convienne. On demande surtout du personnel qualifié, des techniciens en informatique, des infirmières et des employés de bureau. Après sa récente expérience, Abby n'a aucune envie de se retrouver derrière un guichet. Quant à vendre des hamburgers, plutôt mourir que d'accepter... Au bout d'une heure, ses inquiétudes s'accroissent :

> Et si je ne trouve rien ? Oh, mon Dieu ! Il m'est impossible de retourner chez mes parents, surtout si je suis au chômage. J'entends papa d'ici... Je n'en verrai jamais le bout. Je n'ai aucune qualification. Quel métier ai-je envie d'exercer ? Je ne sais pas... Je veux juste gagner assez d'argent pour faire taire mon père. Mon diplôme doit bien valoir quelque chose... Je dois l'exploiter. Après tout, je sors d'une excellente université... c'est facilement monnayable.

À force d'examiner les petites annonces, Abby aperçoit enfin une offre émanant d'un grand magasin de prêt-à-porter de la ville qui cherche une assistante de direction. Intéressée par les avantages en nature (bons d'achat, réductions) dont elle pourrait bénéficier, Abby décroche son téléphone et prend rendez-vous pour un entretien. Le jour du rendez-vous, elle enfile un haut largement décolleté, une jupe moulante et se présente à l'adresse indiquée. Une heure plus tard, elle est toujours assise à la réception, en proie à des ruminations de plus en plus négatives :

> Cette attente est de mauvais augure. Ils se moquent de moi... C'est facile pour eux, ils ont les cartes en main. Si j'obtiens ce travail, j'irai me plaindre à la direction... Oui, mais si je ne suis pas prise... C'est le seul emploi qui me paraît un peu intéressant. Je ne peux pas retourner à la banque. Il faut que je fasse un effort. Je vais me montrer cordiale avec le recruteur... Et lui expliquer nettement où j'ai fait mes études. Oui, mais s'il s'en fiche ? Mon Dieu ! Comment ai-je fait pour me mettre dans cette situation ?

Quelques minutes plus tard, Abby se retrouve face à une certaine Mme Weeks, responsable des ressources humaines du magasin. Après un coup d'œil désapprobateur sur sa tenue, cette dernière commence à lui poser des questions. Abby est tellement inquiète qu'elle a du mal à trouver une contenance.

– Quelles sont vos qualifications pour ce genre d'emploi ? lance la recruteuse.

Après avoir glissé au passage le nom de l'université prestigieuse dont elle est diplômée, Abby répond :

– J'ai toujours été très intéressée par la mode et…

– Quelle matière avez-vous étudiée ? Vous avez des expériences dans la vente ?

Le visage de Abby s'assombrit. À contrecœur, elle admet qu'elle a seulement un diplôme d'histoire et qu'elle n'a jamais fait de commerce. Plus l'entretien se poursuit, plus elle se sent mal à l'aise.

> Qu'est-ce que je suis venue faire ici ? Je passe pour une imbécile. Ça m'est insupportable. Jamais je n'oserai revenir faire des courses dans ce magasin.

Au bout d'un moment, Mme Weeks se lève et déclare :

– Si vous êtes prête à apprendre sur le tas, je vous propose de rejoindre notre équipe de vendeuses. Cela vous fera toujours une expérience.

Ravie, Abby accepte avec reconnaissance et s'empresse de remplir le formulaire d'embauche. Une semaine plus tard, elle commence son nouveau travail. Très vite, elle s'y sent comme un poisson dans l'eau. Ce qu'elle aime par-dessus tout, c'est aider les clientes à choisir les tenues qui leur conviennent. Néanmoins, elle éprouve une légère frustration devant le manque d'originalité des articles proposés. Grâce à son sens inné de la mode, elle parvient bientôt à s'habiller elle-même dans un style assez traditionnel – proche de la ligne du magasin – allié à une certaine audace. Quelques semaines après son arrivée, son chef de service lui propose de prendre en charge la réorganisation des rayons.

Son travail est remarqué et un jour on lui présente Helen, l'acheteuse en chef de l'enseigne. Les deux femmes s'apprécient aussitôt. Impressionnée par les idées novatrices de Abby, Helen lui propose de devenir son assistante. Abby accepte, éperdue de reconnaissance. Enfin, ma carrière est lancée ! se dit-elle.

Les mois suivants se déroulent dans un véritable tourbillon. En compagnie de Helen, elle multiplie les voyages à New York, apprend les rudiments du métier. Pourtant, bien qu'elle apprécie sa chance de bénéficier d'une telle formation, Abby ne peut s'empêcher de se sentir frustrée. Elle a souvent l'impression que Helen ne prend pas assez en compte ses suggestions et se trouve sous-payée. Ces rancœurs sont particulièrement vivaces en début de semaine. En effet, par l'intermédiaire de Gina, elle a rencontré un nouveau groupe d'amis et sort avec eux en boîte de nuit tous les week-ends. Le lundi matin, elle est souvent fatiguée, a la gueule de bois, et du coup son travail lui semble particulièrement ennuyeux. Voilà un exemple des pensées qui l'habitent :

> Je n'ai pas envie d'aller travailler aujourd'hui. On va encore se payer d'interminables réunions avec les directeurs des départements et je vais faire la potiche. Tout le monde se moque de ce que je dis. On me considère comme la secrétaire de Helen. Je suis bonne à apporter les cafés. Ce boulot ne me mène nulle part. Je dois le quitter, faire autre chose.

Tout au long de la matinée, Abby rumine ses frustrations et ses ressentiments à l'égard des chefs de service.

> Ils sont complètement stupides ! Je pourrais prendre leur place sans aucun problème. Je serais dix fois plus efficace qu'eux. La plupart n'ont pas la moindre idée de ce que désirent les clients. Ils ne se préoccupent que de la

pause-déjeuner des vendeuses. Pas besoin de se demander pourquoi le magasin ne fait pas plus de bénéfices. Ce boulot est insupportable.

Abby est tellement focalisée sur ses pensées qu'elle n'entend pas qu'on prononce son nom.

– Abby, veux-tu aller me chercher le bilan des ventes trimestrielles ? répète Helen en élevant la voix pour attirer son attention. Je l'ai oublié dans mon bureau.

À la fois honteuse de sa distraction et furieuse d'être prise pour un grouillot, Abby s'exécute à contrecœur. Alors qu'elle s'éloigne dans le couloir, son *overthinking* l'envahit de nouveau et la pousse à une décision impulsive.

C'est bon, je démissionne. Je ne veux plus être traitée comme ça. Je m'en irai cet après-midi.

À l'heure du déjeuner, elle téléphone à Bridget, l'acheteuse d'un magasin concurrent qui lui a un jour fait une proposition de travail. Abby ne la connaît pas mais elle se sent prête à prendre le risque : tout plutôt que de rester avec Helen, pense-t-elle. Après avoir pris rendez-vous, elle raccroche, triomphante, sûre d'elle. Aussitôt, elle se rend dans le bureau de sa supérieure et lui annonce sa démission. Sidérée, Helen lui demande les raisons de sa décision. Abby tourne autour du pot, incapable d'exprimer la nature des ruminations qui l'habitent depuis quelques heures.

– J'ai trouvé un emploi plus rentable, qui m'offre plus d'indépendance, hasarde-t-elle.

– Chez qui vas-tu travailler ?

– Avec Bridget, elle m'embauche comme assistante.

– Oh, Bridget ! Tu vas *adorer* bosser avec elle ! Il paraît que c'est une patronne merveilleuse, persifle Helen avant d'essayer de la faire changer d'avis. Tu as tort, tu as un bel avenir dans la société. Tu es en passe d'obtenir une promotion.

Voyant que Abby reste ferme sur ses positions, elle reprend :

Je pense que tu regretteras ta décision.

En rentrant chez elle, Abby ressasse les paroles de Helen. Sa remarque perfide sur Bridget la met mal à l'aise.

> Qu'a-t-elle voulu dire ? Est-elle amère d'avoir perdu la bataille ? Et si elle avait raison ? Comment ai-je pu démissionner avant d'être sûre d'être embauchée ? Oh, zut, j'ai peut-être fait une bêtise ! Je ne peux pas ramper aux pieds d'Helen. Je suis une idiote. Je me sens si fatiguée… Pourtant, à l'heure du déjeuner, j'étais pleine d'enthousiasme.

Lorsque Abby rencontre Bridget le soir même, sa confiance en elle a totalement disparu. Ce n'est que lorsque cette dernière lui propose un poste d'assistante (avec pourtant un salaire moins élevé) qu'elle retrouve son optimisme. Elle est tellement heureuse qu'elle ne pense même pas à discuter de sa rémunération.

Une semaine plus tard, elle a déjà déchanté. Elle comprend maintenant la petite remarque acerbe de Helen : Bridget est une patronne désagréable, exigeante et perpétuellement insatisfaite. Comme elle l'a fait avec ses trois précédentes assistantes, elle lui réclame une disponibilité totale et programme ses déplacements au dernier moment tout en critiquant en permanence son travail. Un soir, dans l'avion de retour de New York, Abby – installée en deuxième classe alors que Bridget est en classe affaires – tombe dans une furieuse crise d'*overthinking*.

> Cette situation est impossible ! Pourquoi ai-je quitté Helen ? J'aurais mieux fait de rester là-bas. Que puis-je faire ? Rien. Je suis coincée. Je me trompe tout le temps. Mon père avait raison – jamais je n'aurai de véritable carrière. Je suis incapable de gagner correctement ma vie. Je

ne supporte plus cette vie. Je ne tiendrai pas une semaine de plus avec cette femme.

Une fois arrivée à l'aéroport, Abby est si en colère qu'elle est incapable de prononcer le moindre mot. Lorsque Bridget lui ordonne de la raccompagner chez elle en voiture – à l'autre extrémité de la ville –, Abby serre les dents en fulminant. Mais quand l'autre se met à ironiser sur le manque de séduction d'Helen, sur son côté « mal fagotée et ringarde », elle explose :

– Comment oses-tu parler d'elle ainsi ? C'est une excellente professionnelle. C'est elle qui m'a appris tout ce que je sais. Elle est mille fois meilleure que toi. Tu es une véritable garce.

Un silence glacial s'abat dans la voiture. Abby sait qu'elle a commis une erreur mais elle est tellement furieuse qu'elle est incapable de se maîtriser. Parvenues à destination, Bridget ouvre sa portière et lui lance d'un air mauvais :

– Ce n'est pas la peine de venir travailler demain. Tu es virée. Je te ferai envoyer tes affaires.

Abby laisse tomber sa tête sur son volant et se met à pleurer. Ses ruminations reprennent de plus belle.

> Je suis fichue. Il n'y a que deux grands magasins de prêt-à-porter dans cette ville et je suis grillée partout. Je resterai employée de banque toute ma vie. Même pas… Vu mes mauvaises recommandations, je ne trouverai plus de travail. Je ne pourrai pas payer le loyer de Gina, ni subvenir à mes besoins. Mes parents vont me proposer de revenir chez eux mais je ne pourrai pas le supporter. Plutôt mourir.

Abby reste debout une grande partie de la nuit, ressassant ses conversations avec Bridget, Helen, ses parents. Elle s'en veut de son entêtement et de son orgueil et ne décolère pas contre l'incompétence de ses supérieurs. Épuisée, elle s'endort enfin, paniquée devant l'avenir qui l'attend. Au petit matin, elle est au bout du rouleau. Incapable de sortir de son lit, elle passe sa journée le regard fixé au plafond.

À son retour, Gina la trouve allongée en pyjama devant la télévision.

– Tu es malade ? s'inquiète-t-elle.

– Non, simplement idiote.

À force de questions, elle finit par avouer qu'elle a été licenciée. Gina tente de lui remonter le moral et la pousse à contacter l'agence pour l'emploi et à envoyer des candidatures spontanées dans d'autres magasins de la ville.

– Tu ne comprends rien, assène sèchement Abby. Je ne suis pas prête à faire des démarches. Il faut d'abord que je réfléchisse.

Les jours suivants, elle s'enferme dans l'appartement, ressassant en boucle ses récriminations contre le monde entier. Plus elle déprime, plus ses motivations s'étiolent. Au bout d'une semaine, Gina sort de ses gonds :

– Remue-toi, bon sang ! Tu ne trouveras jamais de travail en restant assise comme un mollusque. Je refuse d'endosser ta part de loyer plus longtemps. Ou tu te remues, ou tu déménages.

Bien qu'elle sache que Gina a complètement raison, Abby se sent trahie et abandonnée. En guise de réponse, elle se réfugie dans sa chambre et se pelotonne dans son lit. Heureusement pour elle, Gina décide de prendre les choses en main. À son insu, elle arrange un rendez-vous à l'agence pour l'emploi et lui met le marché en main.

– Si tu refuses d'aller à cet entretien, tu peux faire tes valises, lui dit-elle fermement.

Secrètement ravie de pouvoir discuter de ses désirs professionnels avec un interlocuteur sympathique, Abby obtempère. Mais rien ne se passe comme elle l'a envisagé. Marylin, la conseillère, est loin d'être chaleureuse. Comprenant à demi-mot ce que cachent les récriminations de Abby, elle lui demande tout à trac ce qu'elle compte faire de sa vie. Le dialogue qui suit est éloquent.

– Je veux gagner beaucoup d'argent, répond la jeune fille.

– Ce n'est pas un plan de carrière, ma chère. Avant ça, il faut travailler.

La reconstruction d'Abby

À force de se complaire dans des crises d'*overthinking* agressif, Abby a failli gâcher sa vie professionnelle. Elle a pris des décisions impulsives qui lui apportaient, certes, un soulagement provisoire mais qui se sont révélées désastreuses à court terme. Ce n'est que lorsqu'elle a su reconnaître son schéma de pensées négatives qu'elle a pu reprendre le contrôle de sa carrière.

Au cours des premiers entretiens, Marylin lui fait toucher du doigt la succession d'échecs qu'elle a provoquée. Puis elle lui explique qu'elle ne trouvera aucun travail gratifiant sans références et la persuade d'aller trouver Helen et de reconnaître ses erreurs. Constatant que Abby est totalement opposée à cette idée, elle lui redonne de l'assurance grâce à un jeu de rôles, en lui expliquant comment adapter ses phrases en fonction des réactions d'Helen et comment gérer son anxiété. Convaincue d'avoir besoin d'une recommandation pour postuler dans un autre magasin, Abby accepte finalement de téléphoner à son ancienne patonne et lui demande un rendez-vous. Avec franchise, elle assume la totale responsabilité de ses actes et s'excuse pour la grossièreté de son comportement. À sa grande surprise, Helen n'a pas l'air de lui en vouloir. Mieux encore, elle lui propose de revenir travailler avec elle.

– Tu as un vrai potentiel et du talent, lui dit-elle. Je serais ravie que tu reprennes ton poste.

Abby est folle de joie. Après avoir accepté, elle prend

deux décisions importantes : d'abord de s'inscrire à des cours du soir de marketing et de stylisme afin de se perfectionner, et enfin de poursuivre sa collaboration avec Marylin. Elle a conscience qu'écouter ses frustrations professionnelles est une habitude dangereuse et elle jure de s'en débarrasser. Mais deux semaines plus tard, ses rancœurs font leur réapparition. Un jour où Helen refuse de prendre en compte sa proposition d'embaucher deux jeunes créateurs de mode, elle se remet à fulminer :

> Elle me considère comme une domestique. Elle prétend aimer mes idées mais ça ne se voit pas – elle n'en fait qu'à sa tête et ignore tout ce que je lui dis. Elle me prend pour son larbin.

Cette fois-ci, cependant, au lieu de céder à son *overthinking* agressif, Abby décide de parler de ses frustrations à Marylin.

– Quelles preuves avez-vous pour dire qu'Helen se moque de vos opinions ? lui rétorque Marylin.

Devant le calme affiché par son interlocutrice, Abby est décontenancée. Son impression d'être maltraitée ne résiste pas à un examen raisonnable de la situation. Brusquement, elle se rappelle même les nombreuses fois où Helen l'a félicitée pour la qualité de ses suggestions. Grâce à Marylin, elle comprend deux choses essentielles :

1) Quand elle est bouleversée, elle ne capte les événements qu'au travers de ses émotions négatives, sans pouvoir discerner le côté positif de la situation.

2) Ses ruminations agressives finissent par avoir leur vie propre. Et l'autorisent à chercher à se venger de ceux qui lui ont, soi-disant, fait du tort.

– À quel moment avez-vous le plus tendance à ressasser ? lui demande enfin Marylin.

Quand Abby lui avoue que c'est en début de semaine, après un week-end fatigant et bien arrosé, elle reprend :

– L'alcool est un dépresseur, Abby. Passée la première phase euphorisante, il provoque généralement des pensées déprimantes et exacerbe l'anxiété.

En accord avec Marylin, Abby consent à réduire ses sorties le samedi et le dimanche et surtout sa consommation de boissons alcoolisées. Elle promet d'essayer de trouver un nouveau groupe d'amis dont la vie ne se limite pas à faire la fête.

Progressivement, Abby apprend à remettre en question la véracité des situations que lui dépeint son *overthinking*. Consciente que la fatigue et l'énervement en sont en grande partie responsables, elle s'éloigne de ses anciennes fréquentations et suit avec assiduité les cours du soir. Elle s'efforce de mieux comprendre les décisions d'Helen ou des chefs de département, de se documenter sur l'industrie de la mode et sur la politique marketing du magasin. Au fur et à mesure, ses suggestions se font plus pertinentes, gagnent en réalisme.

Pourtant, elle n'échappe pas toujours à des rechutes d'*overthinking*. Un vendredi, après une semaine particulièrement difficile, elle est reprise par ses anciens « démons » :

> Je ne gagne pas assez d'argent. Et je n'ai aucune flexibilité dans mon emploi du temps. Julia m'énerve. Quand je pense que j'ai été obligée de me fâcher à cause de l'état de son rayon ! Son travail était détestable ! Comment a-t-elle pu croire que je l'approuverais ? Je n'aurai jamais de promotion. Je suis condamnée à m'occuper des tâches subalternes. À tous les coups, on va offrir le poste à Julia. Ce boulot est nul et me rend malheureuse.

Dominée par ses pensées négatives, Abby meurt d'envie de relâcher sa tension en allant boire un verre avec ses anciens amis. Mais au moment de sortir son porte-monnaie pour y prendre de l'argent, elle aperçoit une carte de visite au fond de son tiroir. Dessus, elle a écrit : « Que me suggérerait Marylin ? » Cette simple phrase l'arrête dans son élan. Elle sait immédiatement qu'obéir à son impulsion lui serait grandement préjudiciable.

Il est parfois extrêmement difficile de se libérer du sentiment d'orgueil blessé provoqué par l'*overthinking* agressif. C'est tellement agréable d'avoir l'impression d'être une victime, de chercher la vengeance. Mais il faut se rendre compte que ces pensées nous mènent à l'impasse. Elles nous rendent incapables de juger nos propres fautes et nos manquements. Dans le monde du travail, elles sont particulièrement pernicieuses. Combien de gens ont-ils démissionné sur un coup de tête, simplement pour prouver qu'ils avaient raison ?

Abby décide d'écrire ce qui la ronge. Sur une feuille de papier, elle libère ses pensées sans les censurer puis s'absente quelques minutes, le temps d'aller se chercher un soda. Quand elle revient, elle relit ses notes. « De quelle autre façon pourrais-je envisager cette situation ? » se demande-t-elle en suivant par là les conseils de Marylin. En se forçant à répondre à cette question, ses rancœurs et ses critiques perdent de leur violence. C'est alors qu'Abby découvre que derrière ces mots se cache une petite voix intérieure qui n'est pas la sienne. C'est celle de son père qui s'exprime à travers elle. Jamais elle ne s'était rendu compte à quel point elle possédait, comme lui, l'obsession de l'argent, la tendance à toujours critiquer les autres.

Je ne veux pas lui ressembler, s'écrie-t-elle intérieurement. Je ne veux pas détester le monde entier, ne penser qu'aux biens matériels.

À partir de ce jour-là, quand elle se surprend à râler contre quelqu'un ou contre elle-même, à se reprocher la faiblesse de ses revenus, elle murmure calmement à voix haute : « Arrête, papa ! »

Écrire ses pensées a aidé Abby à changer sa vision des choses. Mais le tournant le plus important a eu lieu lorsqu'elle a compris que la voix de son père imprégnait ses pensées négatives. C'était à lui qu'elle répondait, pas à elle-même. À chaque fois qu'elle se laissait guider par ses directives inconscientes, non seulement elle se sentait mal mais elle se lançait à la poursuite d'objectifs malsains, des objectifs malsains au nombre de deux : le premier consistait à gagner beaucoup d'argent. En se focalisant dessus, elle était devenue incapable d'exprimer ses réels talents. Le deuxième la poussait à chercher désespérément l'amour et la reconnaissance de ses supérieurs. Comme elle avait le profond sentiment de ne pas avoir été aimée par son père, Abby quêtait une existence dans les yeux des autres. Lorsque Helen ne répondait pas totalement à sa quête d'affection, elle se sentait trahie et les critiques qu'on lui avait adressées au long de son enfance resurgissaient dans sa tête.

Un jour, peu de temps avant la réunion de présentation de la collection d'été, Abby se renverse du café sur sa nouvelle veste de tailleur. Debout, devant le miroir, un flot de pensées dévalorisantes assaille son esprit :

> Espèce d'idiote, tu ne fais rien correctement. Tu as toujours été stupide. Quand tu étais petite, tu étais une brise-tout. Tu l'es restée, même si tu fais semblant d'être une personne importante.

Au-delà de son reflet dans la glace, Abby aperçoit la petite fille nerveuse que son père avait baptisée « la grosse maladroite ». Sa première réaction est de se recroqueviller sur elle-même. Seul son engagement auprès d'Helen l'empêche de se sauver à toutes jambes. Plus elle pense à sa supérieure, plus son image semble se transformer dans le miroir. Au lieu de regarder la tache qui macule le revers de sa veste, elle prend conscience qu'elle a une allure superbe dans son tailleur. Elle n'a plus rien de l'enfant empoté que l'on gourmandait sans cesse. Elle est aujourd'hui une jeune femme mature, énergique, promise à un bel avenir. Voilà qui je suis, pense-t-elle, je n'ai rien en commun avec la gamine que papa voit en moi.

En choisissant de se concentrer sur une nouvelle image d'elle-même – et en refusant celle que lui a imposée son père –, Abby a gagné sa liberté. Elle a refusé de continuer à endosser celle de l'enfant maltraitée et butée. Et ce sans avoir besoin de s'appuyer sur la vengeance pour se créer une nouvelle estime de soi. Elle a préféré travailler dur, affirmer ses connaissances afin d'atteindre les buts qu'elle s'était fixés. En se focalisant sur ce qui était réellement important à ses yeux (démontrer ses compétences, apprendre son métier), elle est parvenue à gérer les frustrations du quotidien, à sortir du cercle vicieux de la paranoïa sans pour autant nier les blessures qu'elle éprouvait.

⁂

Tout le monde n'a pas le courage d'Abby. Certaines personnes paraissent incapables de reconstruire une image positive d'elles-mêmes. Alors, elles errent pendant des années à la recherche d'une stabilité professionnelle, sans parvenir à trouver la profession qui pourrait les épanouir. Elles soignent leurs blessures en changeant fréquemment d'emploi ou en ne vivant que pour leurs heures de loisir. Au bureau, elles sont malheureuses et nettement moins productives que les autres. À la maison, elles refoulent leurs frustrations sans pouvoir chasser la peur du lundi matin.

11.

Pensées toxiques

Les problèmes de santé, graves ou légers, qui sont malheureusement inévitables un jour ou l'autre, constituent eux aussi un excellent facteur d'*overthinking*. Et ce parce qu'ils sont porteurs de bouleversements plus ou moins transitoires. Ils peuvent conduire au handicap, à la souffrance, à la perte d'un emploi ou à des dépenses importantes. Lorsqu'on tombe malade, on a souvent du mal à comprendre ce qui nous arrive. En effet, le dialogue médecin-patient n'est pas toujours des plus explicites et il est parfois difficile de savoir quand prendre un second avis ou quelles décisions adopter. On se sent bien impuissant, car il ne suffit pas de le décider pour solutionner un souci d'ordre médical. On peut agir sur la maladie en réduisant son impact sur la vie quotidienne mais sans être capable de la dépasser réellement. Chaque être humain est condamné à la subir, à vivre avec ses conséquences.

Ressasser la vie et la mort

Michelle a trente-trois ans. Depuis des années, elle redoute d'avoir un jour un cancer du sein. Chez elle, il y a une hérédité familiale : ses deux tantes en sont décédées et sa mère est en rémission depuis quatre ans. Par précaution, elle fait du sport régulièrement et se conforme à un régime alimentaire riche en fibres et légumes, bannissant au maximum les aliments censés prédisposer à la maladie. Mais lors d'un examen gynécologique de routine, sa vie bascule brusquement. Lorsque le médecin lui révèle qu'il vient de détecter une grosseur suspecte dans sa poitrine, la terreur l'envahit. Et son *overthinking* commence :

> J'ai toujours su que c'était possible mais je n'y ai jamais cru. Je suis tellement jeune. C'est trop moche. Comment vais-je supporter une chose pareille ? Ma mère va être effondrée en apprenant la nouvelle. Comment va-t-elle le vivre ? Et mon père ? Ce sera encore pire. Pourquoi ne me suis-je aperçue de rien ? Peut-être ai-je refusé de m'en rendre compte ? Peut-être que le médecin se trompe ? Je perds pied. Je vais m'effondrer.

Michelle est tellement obsédée par le tourbillon de ses pensées qu'elle a du mal à entendre ce que lui dit le médecin. Il faut reconnaître qu'elle a de quoi ruminer. Au regard de son histoire familiale, il est normal que ses inquiétudes soient exacerbées.

Consciente qu'elle doit absolument écouter les explications du médecin, Michelle secoue la tête violemment pour chasser ses sentiments négatifs. Ce geste suffit à briser le cercle de son *overthinking*, mais, en rentrant chez elle, ce dernier reprend de plus belle :

> Il m'a dit que la grosseur était petite, ce qui était bon signe. Mais, mon Dieu, avec mon hérédité, il n'y a pas de

quoi se réjouir. Je n'ai que trente-trois ans. Il essayait de me remonter le moral. Que pensait-il au juste ? Comment savoir si c'est un cancer ? Est-ce que je veux le savoir ? Oh, comment vais-je annoncer ça à mes parents ?

Complètement paniquée, Michelle ne fait même plus attention à la route. Brusquement, elle laisse échapper son volant et parvient juste à temps à éviter l'accident. Cela a comme effet de la libérer un instant de ses ruminations :

> Tu ne vas pas me tuer à cause de ça ! Arrête, Michelle ! Pour l'instant, tu ne sais rien, juste qu'il y a une grosseur. Ton inquiétude est normale mais tu ne dois pas céder à la panique. Tu préviendras les gens lorsque tu en sauras plus.

Michelle a mis sa vie en danger, et c'est malheureusement assez classique. Les *overthinkers* chroniques ont tendance à moins prendre soin d'elles que les *non-overthinkers*. La psychologue Sonja Lyubormirsky de l'Université de Riverside, Californie, a démontré au cours d'une enquête récente que les *overthinkers* mettaient en moyenne un mois de plus que les autres à consulter leur médecin après avoir détecté une grosseur anormale dans leur poitrine. Ceci s'explique par l'état d'impuissance – voire de désespérance – que provoquent les ruminations. Beaucoup de femmes expliquaient leur attitude en disant qu'« il n'y avait rien à faire ». Elles avaient les plus grandes difficultés à prendre une décision et à se lancer dans des démarches positives pour régler le problème qui les submergeait.

Une fois rentrée chez elle, Michelle décide de s'accrocher à l'espoir et de rester optimiste. Mais ce soir-là, après que Tory, son fils de sept ans, est couché, elle fond en larmes dans les bras de son mari, Jason. Quelques jours plus tard, la mammographie puis la biopsie confirment qu'il s'agit bien d'une tumeur maligne. Tremblante, Michelle écoute sans un mot le médecin lui expliquer les conséquences de ce diagnostic. Des sirènes hurlent si fort dans sa tête qu'elle a du mal à comprendre ce qu'il lui dit. Il parle d'une opération. Rapide. Le 18 du mois. Veut-elle réellement subir une mastectomie ? Michelle ne sait plus ce qu'elle a répondu. Les sirènes se déchaînent.

> Seigneur, pourquoi n'ai-je pas demandé à Jason de m'accompagner ? Il me l'a proposé. J'ai répondu que je m'en sortirais seule. Je n'entends rien. Je ne peux plus réfléchir : Opération ? Il faut que je reprennne mes esprits pour pouvoir poser des questions.

Sans réfléchir, Michelle interrompt le médecin :

– Excusez-moi, je voudrais reprendre ma respiration. Il faut que je me calme. Je ne peux pas vous écouter pour l'instant. Pouvez-vous m'accorder deux minutes ?

Un peu agacé, le médecin accède à sa demande et sort de la pièce. Michelle refoule ses larmes. Lentement, elle inspire profondément par le nez avant d'expirer en vidant ses poumons. Son corps se détend. Voilà ce qu'elle se dit :

> J'aurai tout le temps de m'effondrer chez moi en privé. Pour l'instant, je dois essayer de comprendre ce qui m'arrive. Je dois poser des questions au médecin. Quelles sont les choses que je veux savoir avant de quitter son cabinet ? Que demanderaient mes amies si elles étaient à ma place ?

Michelle sort un carnet et un stylo de son sac et liste toutes les interrogations qui lui viennent à l'esprit. Quelle est exactement l'opération préconisée ? Est-elle absolument nécessaire ? Quels en sont les risques et les alternatives ? Aura-t-elle besoin d'une chimiothérapie et de rayons ? Peut-elle attendre ?

Quand le médecin regagne le cabinet, Michelle l'interroge avec calme en tentant de comprendre au mieux les réponses. Peu convaincue par ses arguments, elle demande à bénéficier d'un second avis, mais devant sa réaction d'énervement, elle ressent un élan de culpabilité qu'elle refrène aussitôt. Pourquoi me sentir coupable de prendre soin de moi ? se gourmande-t-elle intérieurement. Voyant sa détermination, le médecin lui donne les coordonnées d'un spécialiste du cancer de sein au CHU.

Sous l'effet de son *overthinking*, Michelle a bien failli ne pas poser les questions indispensables et renoncer à demander un second avis. Face à l'agacement de son médecin, elle s'est même sentie coupable de le mettre mal à l'aise. Ce genre de culpabilité est assez fréquente chez les femmes : comme elles ne supportent pas l'idée d'ennuyer les autres avec leurs doutes et leurs inquiétudes, elles les passent sous silence et c'est le cercle vicieux. Elles les ressassent de plus en plus, s'en veulent de n'avoir rien dit et finissent par dramatiser le problème au maximum.

Au cours des trois semaines précédant son rendez-vous avec le cancérologue, Michelle vit une véritable torture. Des peurs paniques s'insinuent dans son esprit. Suis-je folle d'attendre aussi longtemps juste pour avoir un second avis ? se demande-t-elle. Et si la tumeur grossit ? Peut-elle se développer aussi vite ?

Malgré le soutien de Jason, Michelle ne parvient pas à se rassurer. Une nuit, elle se réveille à deux heures du matin.

> Que va-t-il arriver à Tory si je meurs ? Jason est un bon père, mais Tory a besoin de moi. Jason est parfois trop dur avec lui. Mon mari aussi a besoin de moi. On s'entend tellement bien ! Ce qui nous arrive est injuste. Tory est trop jeune pour perdre sa maman. Il ne mérite pas d'être orphelin. Jason aura-t-il les moyens de l'élever seul ? Je ne dirai rien à mes collègues de travail. Je ne veux pas répondre à leurs questions, je refuse leur pitié. C'est bien connu, on vous regarde différemment quand

> vous avez un cancer. Ce n'est pas juste mais c'est ainsi. Même si je m'en sors, ils me traiteront comme une pestiférée. Je ne peux en parler à personne. Et mes parents ? Comment leur dire ? Ils ont déjà vécu tellement d'épreuves. La vie est injuste. Non, je n'ai pas le droit de dire ça… Ai-je la foi ? Qu'y a-t-il après la mort ? Est-ce que je crois véritablement en Dieu ?

Nuit après nuit, Michelle n'arrive plus à dormir. Le matin, elle a du mal à se concentrer sur son travail – elle est rédactrice dans un magazine féminin. Progressivement, elle s'enfonce dans une profonde dépression, alimentée par des ruminations morbides.

Un jour, alors qu'elle est en train de se demander si Jason la trouvera toujours séduisante après son opération, elle a comme un sursaut. « Stop ! » hurle-t-elle à voix haute en fixant d'un regard vide l'écran de son ordinateur. Elle prend deux grandes respirations et se lève. « Cette histoire me détruit, se dit-elle. Je ne veux pas vivre dans le maheur. Je refuse que cette maladie m'entraîne vers le fond. » Elle quitte son bureau et rejoint un petit parc situé à quelques pâtés de maisons de son journal. Là, elle s'assoit sur un banc et se met à prier. Une vague de soulagement la traverse.

Face à une grave maladie, il est normal de craindre la mort. Bien qu'elles aient la foi, certaines personnes, comme Michelle, se sentent incapables d'accepter leur épreuve comme étant un dessein de Dieu. Beaucoup s'interrogent sur la solidité de leur croyance et cherchent à comprendre la signification de ce qui leur arrive. Michelle, par exemple, n'en finit pas de s'interroger sur la lourde hérédité qui pèse sur sa famille. Ses interrogations sont autant de tortures : Pourquoi Dieu cherche-t-Il à l'éprouver ? Comment savoir si elle croit assez en Lui ? A-t-elle le droit de se poser de telles questions ?

Je me suis aperçue que les questionnements religieux

peuvent induire de graves troubles psychologiques qui aggravent l'*overthinking*. Les gens naturellement enclins aux ruminations vivent plus mal que les autres ce genre d'interrogations. Ils éprouvent souvent une grande culpabilité à l'idée de douter de Dieu ou de leurs propres croyances. L'être humain a tendance à ne penser à la mort que lorsqu'il lui fait face. Les certitudes existentielles qu'il s'est bâties tout au long de sa vie lui paraissent alors souvent bien légères. Comment se contenter d'évidences telles que « mourir fait partie de l'existence » ou « les épreuves nous font grandir » lorsqu'on est soi-même concerné ? L'*overthinking* rend cette peur encore plus intense, les réponses encore plus incertaines.

Michelle est également confrontée à des ruminations typiquement féminines. Elle s'inquiète du sort de ses proches. Elle se rend malade à l'idée d'annoncer la nouvelle à sa mère – qui a elle-même souffert d'un cancer du sein – et à celle d'abandonner son fils. Elle craint de ne plus plaire à son mari. Les femmes vouent souvent leur vie à prendre soin des autres et, dans les pires moments de peur et d'angoisse, continuent de se consumer pour ceux qu'elles aiment.

Après avoir quitté le parc, Michelle décide de ne plus retourner à son bureau. Pour se changer les idées, elle va chercher son fils à la sortie de l'école puis l'emmène manger une glace et jouer au soccer sur le pré communal. Jouer avec Tory lui demande une concentration et une énergie salutaires. À la fin de la journée, elle se sent plus soulagée – physiquement et mentalement – qu'elle ne l'a été depuis son premier rendez-vous avec le médecin.

Dans l'attente de sa consultation chez le cancérologue, Michelle tente de mener une vie aussi normale que possible. Elle retourne au bureau et se remet au travail. Quand elle se sent happée par ses ruminations, elle écoute attentivement ses pensées, les note sur une feuille avant d'essayer de les trier. Quelles sont celles dont elle pourra parler au médecin ? Celles sur lesquelles elle peut agir ?

Le jour de son rendez-vous à l'hôpital, Michelle est armée d'une longue liste de questions. Elle tente de redéfinir son image d'elle-même, celle d'une femme forte et compétente, et demande à Jason de l'accompagner. Alors qu'ils patientent dans la salle d'attente, un grand homme chauve au sourire généreux s'avance vers eux. Il s'agit du Dr Philipps.

– J'ai étudié votre dossier et votre histoire familiale, commence-t-il. Je suis de l'avis de votre gynécologue. Comme lui, je préconise une opération, suivie de l'ablation des tissus atteints.

Bien que Michelle se soit préparée à cette épreuve, elle est comme paralysée. Après avoir pris une grande respiration, elle assaille le médecin de questions. À quoi peut-elle s'attendre après l'intervention ? Quels sont les risques encourus ? À la fin de la consultation, elle se tourne vers son mari et, les larmes aux yeux, lui dit :

– Je crois que je n'ai pas le choix. Je dois le faire.

À peine a-t-elle prononcé ces mots qu'elle s'effondre en sanglots. Au bout de quelques minutes, elle se reprend.

– J'ai besoin d'aller prendre l'air. Pouvons-nous aller marcher au bord de la rivière ? demande-t-elle.

Une fois dans le parc, elle raconte à Jason les pensées négatives qu'elle ressasse depuis plusieurs semaines : sa peur de mourir, d'abandonner son fils, de perdre sa séduction, ses inquiétudes à propos de sa mère. Jason l'écoute attentivement et, sans chercher à nier la véracité de ses craintes, lui rappelle les paroles rassurantes du médecin et l'aide à réfléchir aux différents moyens de gérer son stress. Ils décident de se rendre ensemble le week-end prochain chez ses parents afin de leur annoncer la nouvelle.

Dès son arrivée dans sa famille, Michelle lâche les mots qu'elle se répète en boucle depuis deux jours :

– On pense que j'ai un cancer du sein. Je serai opérée la semaine prochaine.

Au lieu d'éclater en sanglots, sa mère lui répond :

– Chérie, j'y ai survécu. Tu vas faire pareil. On se battra ensemble.

En pleurant, Michelle lui explique le pronostic médical et interroge sa mère sur sa propre expérience. Les conseils de cette dernière, la sollicitude de son père, le soutien de son mari sont de grands réconforts pour Michelle. Elle sait qu'elle peut compter sur eux pour traverser cette épreuve de la façon la plus positive possible.

Soulagée d'avoir parlé à ses parents, elle décide alors d'informer de sa maladie son patron et ses collègues. Comme elle s'y attendait, les réactions sont diverses. La plupart du personnel se montre attentionné et compréhensif – surtout les femmes. On lui propose gentiment de prendre en charge son travail durant son absence et d'aider Jason à s'occuper de Tory. Pourtant, certains hommes restent silencieux, incapables d'articuler le moindre mot. Michelle est néanmoins contente d'avoir sauté le pas. Formuler ce qui lui arrive lui donne l'impression de mieux maîtriser sa situation, de couper court aux ruminations qui la paralysent. Mais dans l'après-midi, un incident va relancer son *overthinking*. Une journaliste nommée Rhonda, mise au courant par des bruits de couloir, vient la trouver et, après avoir « compati » pendant quelque minutes, lui raconte le calvaire vécu par sa belle-sœur à la suite de l'opération de son cancer du sein.

– Je ne sais pas si le chirurgien était incompétent mais elle a mis des mois à s'en remettre, dit-elle. Elle vit dans la peur permanente. Je ne veux pas t'effrayer mais je pense que tu dois être réaliste.

Ces quelques phrases font rechuter Michelle. Elle a beau essayer de se concentrer sur son travail, l'histoire que vient de lui raconter Rhonda réveille sa terreur. Elle s'imagine défigurée, déprimée, au bord du suicide. Pour tenter de reprendre pied, elle téléphone à une de ses amies, Heather, et lui raconte ce qui vient de se passer.

– C'est une garce, réplique d'autorité cette dernière. Elle aurait dû se taire. Si ça se trouve, elle l'a fait exprès. Ne te laisse pas démoraliser. Tu as un excellent médecin et il est inutile de penser au pire. Tu t'en sortiras.

Michelle note les paroles encourageantes de Heather sur une feuille de papier qu'elle range au fond d'un tiroir. Puis elle décide de rédiger un article sur le cancer du sein. Elle a le sentiment que son expérience peut aider d'autres femmes, l'aider à prendre de la distance psychologique avec sa maladie.

Parler de ses inquiétudes aux autres, les mettre en mots est une façon bien connue d'alléger le poids des pensées négatives. Lorsqu'on les partage, elles semblent plus concrètes, plus « gérables ». On se donne les moyens de les contrôler au lieu de se laisser contrôler par elles. De la même façon, les amis peuvent nous aider à y voir clair, à trier les véritables inquiétudes de celles générées par l'anxiété. Mais attention, il faut choisir ses interlocuteurs. Car formuler ses soucis est à double tranchant et certaines personnes, comme Rhonda, prennent un malin plaisir à les alimenter.

Le jour de l'intervention, Michelle est malade d'angoisse. Alors qu'on la transporte sur un brancard, dans la salle d'opération, Jason lui murmure à l'oreille :

– Tout va bien se passer. Je serai là quand tu sortiras. Ne t'inquiète pas.

Pendant plusieurs heures, Michelle a l'impression de flotter dans un état proche de l'inconscience. Lorsqu'elle se réveille de l'anesthésie, elle aperçoit le Dr Philipps à côté de son lit. Ses premiers mots lui font l'effet d'un rêve :

– Michelle ! Michelle ! Vous m'entendez ? C'était bien une tumeur cancéreuse. Mais heureusement, elle n'a pas eu le temps de se développer. On l'a prise à temps.

Michelle ferme les yeux et soupire de soulagement.

Dans la salle de réveil, cependant, des flots de doutes envahissent son esprit.

> Pourquoi ai-je eu un cancer à trente-trois ans ? se dit-elle. Est-ce que ça veut dire que j'en aurai un autre plus tard ? Le Dr Philipps a-t-il tout enlevé ? Vais-je devoir faire de la chimio ? Comment est-il sûr d'avoir ôté toutes les cellules atteintes ?

Quand le Dr Philipps réapparaît à son chevet, elle l'assaille de questions. Les réponses sont difficiles à entendre. Oui, elle va devoir subir des séances de chimiothérapie, oui, elle a des risques de développer un autre cancer… Mais, précise le médecin, ça ne veut pas dire qu'elle est condamnée à en mourir.

Le long chemin de la guérison

Au cours des mois suivants, affaiblie par les effets secondaires de son traitement, Michelle lutte contre sa peur de mourir. Son *overthinking* la submerge de nouveau :

> C'est terrible de vivre avec cette épée de Damoclès au-dessus de ma tête. Je déteste cette situation. Je voudrais vivre comme avant, avant qu'on découvre ce cancer. J'ai l'impression d'être une bombe à retardement. Comment saurai-je si j'ai une autre tumeur ? Je n'ai pas senti la première. Et si on détecte la seconde trop tard ?

Consciente que son anxiété perturbe sa vie familiale et surtout son fils Tory, elle se résout à faire le maximum pour retrouver une vie normale et reprendre le contrôle. Elle commence par relire les brochures sur l'autopalpation du sein que lui a donnée son gynécologue et prépare une liste de questions à lui poser lors de leur prochain rendez-vous. Puis elle établit un programme personnel afin de rythmer ses journées : jouer avec Tory, cuisiner des bons petits plats, terminer son article sur le cancer. Elle espère qu'en mettant en mots son expérience, elle cessera de ruminer des images négatives. Elle décide également de quitter son travail une heure plus tôt pour passer du temps avec son fils avant le dîner, de reprendre des cours de natation et de s'accorder de temps en temps des après-midi libres. Tout cela ne suffit pas à la débarrasser de son anxiété mais quand elle est submergée par une vague d'*overthinking*, elle se dit : « J'ai le droit de ressentir ces inquiétudes mais je refuse que ces pensées me paralysent. Quelles sont mes principales angoisses ? Que peuvent-elles m'apprendre ? »

Elle s'efforce d'écouter ses sentiments, de noter ceux sur lesquels elle peut avoir une influence. Lorsqu'elle se heurte à des interrogations existentielles – « Pourquoi m'est-ce arrivé ? Quelle est la signification de cette épreuve ? » –, elle les intègre au moyen de réponses positives : « C'est la volonté de Dieu. Je veux apprendre à vivre avec. Cette épreuve m'a fait grandir. »

Au cours des années suivantes, Michelle rédige plusieurs articles sur le cancer du sein et anime des conférences sur le sujet. Son objectif est de transformer son expérience en vecteur de partage, de soutien à autrui.

Pour vivre au mieux l'épreuve qui s'abattait sur elle, Michelle a utilisé différentes techniques :

1. Des méthodes à court terme qui l'ont aidée à reprendre le contrôle sur ses ruminations, à les trier.

– Jouer avec son fils.

– Aller faire une promenade (etc.).

2. Des stratégies à long terme pour se libérer de son *overthinking*. En desserrant temporairement l'étau de ses pensées, elle a pu déterminer les inquiétudes qui méritaient son attention et celles qu'elle devait éliminer. Cela lui a permis de solutionner ses problèmes ou du moins de vivre sa maladie de manière efficace. Pour y parvenir, elle a :

– établi des listes de questions à poser à ses médecins ;

– cherché à comprendre le mieux possible sa situation ;

– noté ses interrogations (en s'y référant au cours de ses rendez-vous médicaux, cela lui a évité de paniquer) ;

– listé la nature de ses angoisses ;

– rédigé des articles sur son expérience pour mettre en mots sa souffrance ;

– animé des conférences pour apporter du soutien aux autres et vivre son épreuve de façon positive.

Face à la maladie, une des clefs est de positiver sa douleur. Des enquêtes menées par plusieurs psychologues, dont Shelley Taylor de l'Université de Los Angeles, Californie, confirment que l'optimisme et l'espoir sont les facteurs essentiels de toute guérison. Ils constituent une excellente parade, au même titre que les médicaments. En effet, on sait désormais que les optimistes ont un meilleur système de défense immunitaire que les pessimistes. Ils se remettent mieux et plus rapidement et vivent généralement plus longtemps.

L'optimisme de Michelle n'a rien de la méthode Coué. Elle n'a pas cherché à nier ce qui lui arrivait. Elle connaissait la gravité de sa maladie, son hérédité médicale et savait pertinemment que son jeune âge induisait un pronostic défavorable. Cependant, elle a choisi de garder l'espoir et de se battre. De prendre en main sa santé et sa vie au lieu de céder au fatalisme. S'il était normal qu'elle cède à l'*overthinking*, elle a su en voir le côté toxique. C'est à cela que nous devons toutes arriver.

12.

Je suis inconsolable : le deuil et les traumatismes

Nous avons tous conscience, du moins intellectuellement, que la mort de nos proches est inévitable. Pourtant, nous sommes nombreux à refuser d'y penser. Pour peu que nous n'ayons jamais été touchés par la perte d'un être cher ou par un traumatisme violent, cette idée nous paraît lointaine, irréelle. En outre, elle est tellement douloureuse que nous choisissons de la chasser, préférant penser que ce genre de drame n'arrive qu'aux autres. C'est un point commun à beaucoup de personnes. Selon les psychologues Shelley Taylor de l'Université de Los Angeles et Jonathan Brown de l'Université de Washington, l'esprit humain est ainsi fait qu'il a tendance à croire qu'il est à l'abri du danger, de la maladie grave, des coups du sort. Alors, lorsqu'il est confronté à une tragédie personnelle – surtout si elle est brutale –, il perd le sentiment de contrôler sa vie, sentiment qui fait partie de ses croyances fondamentales. Il se sent impuissant, désespéré, paralysé. Il peut même aller jusqu'à remettre en question son image de soi, sa valeur propre. C'est ce que le psychologue Mel Lerner appelle « la croyance du monde juste » : c'est-à-dire qu'au fond de nous, nous sommes instinctivement persuadés que le mal ne touche que les gens mauvais. Face à un traumatisme, nous nous interrogeons sur nous-mêmes : Que signifie cette épreuve ? Qu'il n'y a pas de justice en ce monde ? Que nous avons mérité ce qui nous arrive ?

C'est pour cela que lorsque nous vivons un deuil ou un événement traumatique, nous sommes enclins à ruminer sur le sens de l'existence, nos croyances philosophiques ou religieuses et sur la façon dont nous menons nos vies. Ces pensées sont jusqu'à un certain point parfaitement naturelles et saines. Elles peuvent nous aider à clarifier nos valeurs, revoir nos priorités, à vivre plus intensément l'instant présent. Mais elles peuvent également déclencher un *overthinking* durable et toxique. Certaines personnes sont incapables de trouver des réponses aux questions soulevées par la tragédie. D'autres restent prisonnières de leur impuissance, et leur tendance à la « victimisation » leur ôte toute capacité de rebâtir leur vie. D'autres encore se tournent vers l'alcool ou les drogues pour engourdir leur souffrance.

Incontestablement, nous avons plus de mal à assumer les deuils et les traumatismes que les générations précédentes. Pourquoi ? D'abord à cause de la fragilité de notre tissu social (familial et amical). Il y a quelques décennies, le mot « communauté » avait davantage de sens. Les gens partageaient plus naturellement leur chagrin avec leur entourage. Ils étaient plus facilement soutenus – financièrement, matériellement et émotionnellement – par ceux qui avaient vécu les mêmes expériences. Ensuite, la foi était plus importante. La mort, le handicap et la perte faisaient partie de l'ordre naturel des choses. On les comprenait et on tentait de vivre avec.

Beaucoup de ces ressources nous font malheureusement défaut, aujourd'hui. Les familles sont éclatées et l'individualisme prime dans les rapports sociaux. Les gens confrontés à la perte d'un être cher ou à un drame le savent bien. La solidarité et la compassion sont toujours de courte durée.

Une fois passé le temps des larmes et du choc, les amis, les relations retournent à leur vie, à leur travail, à leur emploi du temps surchargé et s'attendent à ce que les autres fassent la même chose. Au cours de mon étude sur le deuil, j'ai découvert que l'*overthinking* agressif dont souffraient les gens endeuillés provenait davantage du manque d'empathie de leur entourage que de leur chagrin proprement dit. Voilà par exemple ce que m'a raconté Marjorie après le décès de sa mère :

> Quand j'ai annoncé que maman avait un cancer, les gens se sont montrés très gentils. Ils m'ont tous dit : « Si je peux faire quelque chose pour toi, n'hésite pas. Dis-le-moi. » Mais ils ne m'ont jamais téléphoné. Ils n'ont jamais demandé si j'avais besoin de leur aide. Quelques semaines plus tard, la plupart avaient complètement oublié que ma mère était en train de mourir. Ceux qui s'en rappelaient se contentaient de me souhaiter bon courage. Beaucoup sont venus à l'enterrement. Et ça s'est arrêté là. Personne ne m'en a jamais reparlé. Pour eux, l'épreuve était terminée puisqu'elle était morte…

Notre manque de croyance spirituelle ou religieuse limite grandement notre capacité à assumer les épreuves de la vie. Comment trouver les réponses aux questions fondamentales qu'elles soulèvent ? Ce néant nous condamne à l'*overthinking*. Nous ressassons notre colère contre ceux qui nous ont abandonnés ou traumatisés. Nous nous focalisons sur notre solitude et notre désespoir. Nous ruminons notre incapacité à « rebondir ». Nous nous interrogeons sur les raisons du malheur qui nous a frappés.

Dépasser un deuil ou un traumatisme est un processus de longue haleine. Cela demande de réorganiser sa vie, de voir clair dans son cœur. Mais à l'exemple de la société, nous ne nous donnons pas le temps de « digérer » notre chagrin. Nous n'avons pas la patience de faire un travail personnel – philosophique ou spirituel – et préférons nous réfugier dans la prise de médicaments ou dans une psychothérapie hâtive. Il faut reconnaître que notre mode de vie actuel, nos rythmes quotidiens, ne se prêtent pas à une analyse intérieure très poussée.

Heureusement, certains y parviennent. J'ai rencontré personnellement des centaines de gens, jeunes ou vieux, qui affirment avoir mûri à la suite d'un deuil. Plus exactement, près de 70 % des participants à mon étude m'ont avoué avoir trouvé plusieurs facteurs positifs dans leur épreuve. Ils ne parlaient pas bien sûr de leur héritage financier, ils se sentaient simplement différents, plus en accord avec eux-mêmes. Ils disaient avoir découvert en eux une force qu'ils ne soupçonnaient pas. Ils avaient trouvé de nouvelles perspectives, revu leurs priorités et avaient approfondi leurs relations avec les autres.

C'est le cas d'Alicia dont le conjoint est mort d'un cancer après de longs mois de lutte.

> Je ne souhaite cette expérience à personne, mais étrangement, j'estime avoir de la chance de l'avoir vécue. J'ai beaucoup appris sur moi et sur l'amour. Je le prends comme un cadeau. J'ai tellement grandi. Je me sens également beaucoup plus vivante. Je ne prendrai plus jamais la vie comme un dû et cela m'emplit de reconnaissance.

De la même façon, les recherches menées auprès de personnes ayant subi des traumatismes personnels (par exemple une agression, une paralysie à la suite d'un accident ou une catastrophe naturelle) révèlent que beaucoup en émergent avec le sentiment d'être meilleurs et de mieux apprécier la vie.

Dans ce chapitre, je vais explorer comment les gens qui ont vécu un deuil sérieux ou un choc important parviennent à sortir des inévitables questions et des ruminations inhérentes à ce genre d'expériences, à grandir personnellement et à ressentir à nouveau de la joie. Le message n'est pas de vous dire de « dépasser ça » mais de le vivre de bout en bout, de faire votre chemin au travers des difficultés rencontrées. Ce chemin peut être difficile. Mais je décrirai comment on peut utiliser les stratégies présentées dans ce livre pour se libérer de l'*overthinking* et avancer vers la compréhension et la maturité.

Alicia ou la force des convictions

Alicia et David se sont rencontrés il y a deux ans, au cours d'une soirée. Entre eux, cela a été un véritable coup de foudre. En l'espace de quelques mois, ils se sont installés ensemble dans un petit appartement du quartier de North Beach à San Francisco. Liés par une grande complicité, ils ont énormément de goûts communs et mènent une vie passionnante et passionnée. Mais tout bascule le jour où David est victime d'un grave accident de voiture sur l'autoroute. Après avoir fait plusieurs tonneaux et défoncé la barrière de sécurité, il est transporté inconscient à l'hôpital avec de multiples fractures. À la suite d'un scanner et d'une IRM, le chef de clinique, le Dr Amstrong, détecte une masse suspecte dans son cerveau. En pénétrant dans la chambre où Alicia tient compagnie à David, son visage est grave.

– Le radiologue et le neurologue qui ont fait les examens penchent pour une tumeur, commence-t-il. Ils veulent affiner leur diagnostic. Pour cela, vous allez devoir subir une opération exploratrice.

– C'est impossible, se récrie David. Hier encore, j'allais parfaitement bien. Êtes-vous sûr qu'il ne s'agit pas d'un traumatisme causé par mon accident ?

– Non, c'est improbable. C'est trop profond et il n'y a aucune blessure en surface. Avez-vous eu des vertiges récemment ? ou mal à la tête ?

David acquiesce. Depuis quelques semaines, il a eu plusieurs fois des migraines qu'il a attribuées au stress, et récemment il est tombé dans l'escalier en pensant que c'était dû à un manque de sommeil. En quittant la chambre de David, peu après la visite du Dr Armstrong, Alicia est submergée par la peur.

> Et s'ils avaient raison ? Non, c'est impossible. Ce n'est pas juste. Je ne peux pas perdre David. Il ne mérite pas de mourir. Cette idée est insupportable.

Dans l'ascenseur qui l'emmène vers le parking, son corps se crispe. Elle a l'impression de ne plus pouvoir respirer. Son cœur bat à tout rompre. « Oh, mon Dieu, s'écrie-t-elle, je vais avoir une attaque cardiaque. » Au bord de l'évanouissement, elle se recroqueville sur elle-même. À cet instant, la porte s'ouvre et une infirmière apparaît. Voyant l'état d'Alicia, elle la fait asseoir sur une chaise sur le palier et lui prend le pouls. Entre deux profondes respirations, Alicia parvint à bredouiller :

– Mon compagnon... (Halètement)... tumeur au cerveau... peur... il meurt.

Comprenant que la jeune fille fait une crise d'angoisse, l'infirmière l'accompagne aux urgences où, après quelques examens de routine, on la laisse partir avec une prescription d'antidépresseurs. Effrayée à l'idée de conduire, Alicia rentre chez elle en taxi. Alors que la voiture l'emporte vers les collines de San Francisco, son corps lui fait l'effet d'une coquille vide. Mais en pénétrant dans l'appartement qu'elle partage avec David, ses angoisses, mêlées à un profond sentiment de colère, resurgissent :

> C'est impossible qu'il ait une tumeur au cerveau ! Il n'a que trente ans. Ça n'arrive normalement qu'aux personnes âgées. Ça fait un an qu'on est ensemble. Notre histoire ne peut s'arrêter aussi vite. Ce n'est pas juste. Pour

> une fois que j'ai trouvé le bonheur, on veut me le prendre. Mes amis ont tous déjà été amoureux. Moi, c'est la première fois, la première fois que j'aime vraiment quelqu'un. Pourquoi veut-on m'enlever ça ? Ce n'est pas juste.

Toute la nuit, des pensées négatives tournoient dans son esprit. Le matin, elle est physiquement vidée. Incapable de déjeuner, elle saute dans un taxi et part pour l'hôpital. La vue des gens qui déambulent sur les trottoirs l'emplit de ressentiment :

> Ils mènent leur vie quotidienne. Ils sont épanouis, mangent des beignets, rient et parlent. Pourquoi David et moi sommes-nous privés de notre vie ? On était si heureux. Nous ne faisions rien de mal. Oh, je voudrais tant que les choses redeviennent comme avant !

Parmi ses pensées, une petite voix se fait entendre. C'est celle du prêtre de son ancienne paroisse. Il la réprimande : « Dieu ne nous garantit pas le bonheur. Tout le monde est condamné à connaître la souffrance. Tourne-toi vers le Seigneur et il t'aidera à porter ce fardeau. » Loin d'apaiser sa colère, ces paroles alimentent sa fureur.

> À quoi sert la foi, si ce n'est à enrichir la vie ? Pourquoi Dieu est-Il incapable d'aider ses fidèles à vivre heureux ? Je ne veux pas être mise à l'épreuve. Je veux mener une vie normale au même titre que les athées.

Alicia est une jeune femme ordinaire qui n'attend rien de particulièrement compliqué de la vie. Mais la maladie de David est pour elle une énorme source de stress. Sa colère et son sentiment d'injustice sont compréhensibles. Comment supporter l'idée de perdre quelqu'un auquel on tient ? Cette impression de trahison est fortement ancrée chez les gens qui ont perdu un enfant ou un être cher, prématurément. Les interrogations religieuses sont également fréquentes. Face à un deuil ou un traumatisme, la foi peut être source de soutien ou, à l'inverse, totalement remise en question.

Quand Alicia pénètre dans la chambre de David, ce dernier remarque immédiatement ses yeux hagards.

– Que se passe-t-il ? demande-t-il.

– Rien, je suis juste fatiguée, répond-elle, soucieuse de lui épargner des inquiétudes suppplémentaires.

Quelques minutes plus tard, un infirmier vient chercher David pour lui faire passer une nouvelle série d'examens. En attendant, Alicia descend dans le hall. La vue de personnes âgées ou malades ne fait que renforcer sa colère.

> Normalement, on est malade lorsqu'on est vieux. C'est la nature des choses. Mais les jeunes ont encore trop à donner, trop de choses à vivre.

Brusquement, elle voit passer un petit garçon, d'environ six ans, dans un fauteuil roulant. Malgré ses deux intraveineuses dans le bras, il rit aux éclats. Sous leur masque de tristesse et leurs traits tirés, ses parents affichent un large sourire.

C'est vraiment injuste, pense Alicia. Les enfants ne méritent pas d'être malades ou de mourir. Ça doit être horrible de perdre son fils ou sa fille. Cette pensée provoque en elle un élan de culpabilité. Pourquoi, moi, serais-je à l'abri d'une tragédie ? se dit-elle. D'autres vivent aussi de véritables drames.

Perdue dans des sentiments contradictoires, elle tente de rejeter sa colère, de comprendre ce qui lui arrive et surtout de trouver le moyen d'affronter cette épreuve. Mais elle se sent si désespérée.

À cet instant, on vient la prévenir qu'elle peut retourner dans la chambre de David. Ce dernier est toujours sous anesthésie. Alicia le contemple, le cœur attendri.

Il est si beau. Et si paisible. Qu'est-ce que je souhaite ? Qu'il vive, bien sûr. Je veux également qu'il sache que je l'aime et que je serai toujours là près de lui. Je veux qu'il soit heureux, qu'il reçoive les meilleurs soins, qu'il s'en sorte.

Quand David se réveille, il aperçoit Alicia, assise au pied de son lit. Son regard hagard a disparu. Une lueur d'amour intense brille dans ses yeux.

– Salut, Al, énonce le jeune homme d'une voix pâteuse. Qu'est-ce que tu fais ?

– Je t'aime, répond-elle avec un sourire sincère.

Pendant une heure ou deux, ils discutent calmement des examens programmés par les médecins et se distraient en regardant la télévision. Ils décident ensemble d'attendre de plus amples informations avant de prévenir leur famille.

Comment Alicia est-elle parvenue à se libérer de son *overthinking* et à prendre de la hauteur ? Tout simplement grâce à sa rencontre impromptue avec le petit garçon immobilisé dans un fauteuil roulant. En voyant cet enfant et ses parents lutter contre leur chagrin, le mot injustice a pris tout son sens à ses yeux. Ce changement de perspective a interrompu provisoirement ses ruminations, lui donnant l'occasion de comprendre que sa colère était néfaste. Puis, devant le lit de David, elle a choisi de se concentrer sur le seul objectif valable : l'aider à s'en sortir. Cette décision consciente a été déterminante.

Vers dix-huit heures, le Dr Armstrong pénètre dans la chambre. Son visage est fermé. David et Alicia se prennent la main.

– Il s'agit bien d'une tumeur, dit-il. Le chirurgien voudrait vous opérer après-demain. Il va essayer de l'enlever entièrement mais ça dépendra de la nature des cellules...

Stupéfaits, Alicia et David restent silencieux. Ils ont l'impression d'évoluer en plein cauchemar. Jusqu'au bout, ils ont voulu croire qu'il s'agissait d'un immense malentendu, d'une grossière erreur.

– Merde ! lâche laconiquement David après le départ du médecin. Je crois que je vais devoir m'y résoudre...

Le corps secoué de sanglots, Alicia ne peut se contenir :

– Non, tu n'as pas à t'y résoudre. Tu ne devrais pas vivre une chose pareille. C'est de la folie ! Ça n'aurait jamais dû arriver. C'est injuste !

Surpris par sa violence, David réplique :

– Ce n'est pas un problème de justice, chérie. J'ai une tumeur et je dois l'accepter.

Devant ses yeux remplis de larmes, la fureur d'Alicia s'évanouit. Ne reste en elle qu'un immense désir de le prendre dans ses bras et de le réconforter. Pendant quelques minutes, ils s'étreignent en silence. Puis Alicia déclare :

– Nous allons nous battre ensemble. Je serai toujours là pour toi. Je t'aime tant.

Alicia a pu se débarrasser de son sentiment de colère grâce au pragmatisme de David et surtout à son amour pour lui. Ces deux facteurs combinés lui ont permis de déterminer activement comment elle voulait gérer cette épreuve. Beaucoup de gens réagissent de cette façon devant un stress inattendu. Ils se découvrent une force qu'ils ne soupçonnaient pas et prennent confiance en eux. Au lieu de rester passifs ou de s'effondrer, ils se lancent dans l'action.

En rentrant chez elle, Alicia s'efforce de maîtriser son ressentiment. Dès qu'elle le sent revenir, elle se dit :

> Ce n'est pas la bonne solution. Je ne dois penser qu'à David et me concentrer sur ce qu'il faut faire pour l'aider. Jamais je ne parviendrai à comprendre ce qui m'arrive, ni à le vivre si je me laisse envahir par ce sentiment d'injustice. Je ne sais pas si j'arriverai à digérer ça un jour mais je veux être aux côtés de David. C'est mon seul objectif.

Le lendemain matin, après une nuit agitée, Alicia téléphone à Mme Jenner, la mère de David. Leurs rapports ont toujours été houleux et Alicia redoute sa réaction. En entendant la voix de sa belle-mère à l'autre bout du fil, elle retient un élan d'agacement. Elle ne peut oublier le nombre de critiques que cette dernière lui a faites au fil des années.

– Oh, c'est toi, lance d'emblée Mme Jenner. Où est David ?

Sans négliger aucun détail, Alicia lui explique calmement la situation puis, devant son désarroi évident, oublie ses rancœurs et promet de venir la chercher à l'aéroport le lendemain soir.

Ensuite, elle appelle l'employeur de David, un dénommé Bill, un type opportuniste et superficiel. En dépit de ses grandes démonstrations de sollicitude, Alicia ne sent en lui aucune sincérité. Derrière ses platitudes, il a l'air surtout inquiet de savoir combien de temps va durer l'absence de David et comment il va le remplacer.

Le comportement de leur couple d'amis, Danny et Barb, qu'ils devaient recevoir à dîner le week-end suivant, est tout aussi décevant. En apprenant la nouvelle, Danny se contente de dire « Je suis désolé » avant de passer le combiné à sa femme. Cette dernière assaille Alicia de questions sans vraiment compatir à la nouvelle.

– Comment est-ce possible ? s'exclame-t-elle. Je pensais qu'il avait juste eu un accident de voiture. Tu disais qu'il n'était pas gravement blessé. Tu es sûre que tes médecins sont compétents ?

À bout de nerfs, Alicia raccroche sans répondre et décide d'appeler sa mère pour chercher un peu de réconfort. À peine l'a-t-elle en ligne qu'elle fond en larmes.

– Maman, sanglote-t-elle, comment vais-je parvenir à supporter cette situation ? Je ne sais pas quoi faire…

– Tu vas y arriver. Quand j'ai vécu la mort de ton père, j'ai cru que j'allais m'effondrer et puis j'ai tenu bon…

Tu vas faire comme moi. Ça va être dur, très dur, mais tu es forte. Accroche-toi à l'amour que tu portes à David et écoute-le. Il te guidera.

Lorsque Alicia lui raconte les réactions de leur entourage, elle poursuit :

– Certaines personnes sont en dessous de tout, ma chérie. Je l'ai vu au décès de ton père. Elles ne savent pas comment se comporter. Elles ont leur vie et ne veulent pas être dérangées. Alors elles disent n'importe quoi sans se préoccuper de la peine des autres. Oublie-les. Elles ne valent pas le coup. Cherche des amis susceptibles de t'aider.

Face à la maladie ou à la perte d'un être aimé, beaucoup de gens ont besoin d'un soutien amical. Alicia a la chance d'avoir une mère compréhensive et attentive. Cette dernière l'a d'abord laissée pleurer, exprimer ses émotions avant de l'encourager à se calmer. Puis l'a poussée à limiter ses attentes, oublier l'insensibilité des autres et à prendre confiance en elle. Cela l'a recentrée sur son amour pour David.

En raccrochant, Alicia se remet à sangloter mais cette fois de soulagement. Elle prend une douche chaude puis enfile une tenue vestimentaire qu'affectionne David et se dirige vers l'hôpital. Là-bas, elle fait la connaissance du chirurgien, le Dr Scanlon, un homme direct et sûr de lui, qui leur explique le déroulement et les risques de l'opération.

En fin de journée, elle se rend à l'aéroport chercher Mme Jenner. Sur le trajet, les deux femmes restent silencieuses. Ce n'est qu'en arrivant devant son hôtel que la mère de David prend la parole :

– Tu l'aimes vraiment, n'est-ce pas ? Je sais qu'il éprouve des sentiments très puissants pour toi. Moi, je l'aime autant que je peux, comme seule une mère peut le faire. Il va avoir besoin de toi et de ton amour. Il n'y a que cela qui l'aidera à s'en sortir, dit-elle en descendant en hâte de voiture.

Alicia n'est pas sûre d'avoir bien compris. Deux semaines auparavant, un discours aussi sibyllin l'aurait plongée dans une crise profonde d'*overthinking*, mais aujourd'hui, cela ne la perturbe pas. Elle tient à rester concentrée sur son objectif.

Arrive enfin le jour de l'opération. Alicia et Mme Jenner s'installent dans la salle d'attente. Pendant que la première fait les cent pas en sursautant au moindre appel, l'autre fixe la télévision d'un air hagard. Enfin, onze heures plus tard, le Dr Scanlon vient les trouver. Il a une mine fatiguée, déçue.

– Les nouvelles sont mauvaises, commence-t-il. La tumeur était maligne et affectait la partie du cerveau qui contrôle les fonctions vitales. Nous avons affaire à un cancer d'évolution rapide. J'ai fait le maximum, mais je ne garantis rien. Il devra subir de la chimiothérapie.

Alicia se met à paniquer :

> Oh non ! C'est impossible. Seigneur, faites que ça ne soit pas vrai. Oh, s'il vous plaît, s'il vous plaît, s'il vous plaît, faites que ça ne soit pas vrai.

Les deux femmes se dirigent vers le service des soins intensifs où David est couché, le visage pâle et émacié, la tête entourée de bandages. Incapable de faire un pas de plus, Mme Jenner s'arrête et prend la main d'Alicia. Bien qu'aucune ne parle, elles savent toutes deux instinctivement que l'homme qu'elles aiment est condamné.

Au fil des semaines, sous l'effet de la chimiothérapie, l'état de David se dégrade. Il souffre continuellement de nausées et maigrit à vue d'œil. Le pire, c'est que son cancer ne régresse pas. Les médecins décident alors d'arrêter le traitement. Quand David reprend un peu de vigueur, Alicia l'emmène en excursion autour de San Francisco, dans des endroits où ils aimaient se rendre avant sa maladie. Ces escapades resserrent leurs liens. Ils parlent pendant de longues heures de leurs peurs, de l'avenir, appréciant le plaisir d'être ensemble. Puis, au fil des semaines, ils se limitent à leur quartier, se promènent sur le port ou hantent les cafés du centre-ville. Ils ont conscience que ces petits plaisirs quotidiens les aident mentalement à tenir le coup.

Comme je l'ai déjà expliqué lors des chapitres précédents, les émotions positives – même brèves – sont indispensables pour briser l'étau des pensées négatives. Elles rendent plus fort et permettent d'affronter les difficultés. S'isoler en période de stress intense diminue au contraire la capacité de réaction. On a tendance à rester focalisé sur ses sentiments d'injustice. Cela peut même hâter la progression d'une maladie.

Plus le temps passe, plus la souffrance de David s'accroît. Alicia a le sentiment que les médecins, lancés dans un acharnement thérapeutique – aux effets secondaires redoutables –, ne font rien pour le soulager. Elle décide alors, sous sa pression, d'effectuer des recherches sur les soins palliatifs et de prendre contact avec des centres spécialisés. Mais cette démarche s'accompagne d'une lourde hésitation. Ai-je le droit, se dit-elle, d'abandonner la lutte ? De baisser les bras ? Peut-être existe-t-il un traitement miracle ? Doit-elle écouter David qui veut stopper toute nouvelle expérimentation médicale ? Cette incertitude provoque chez elle un flot de pensées négatives.

> C'est l'ultime décision de David. Dois-je essayer de l'en dissuader ? De le convaincre de poursuivre les traitements malgré sa réticence ?

Pour la première fois depuis l'annonce de la maladie, lui et Alicia ne sont plus d'accord. Leurs rapports sont tendus, houleux. Indécise et malade d'angoisse, Alicia se laisse glisser de nouveau dans l'*overthinking*. Et plus elle rumine, plus ses pensées nourrissent son indécision, l'empêchant de passer à l'action. Un matin, après une dispute violente avec David, au bord de l'hystérie, elle téléphone à sa mère.

– Rappelle-toi ce que je t'ai dit, lui conseille cette dernière. Écoute ton amour, cela t'aidera à choisir la solution à adopter.

Ces paroles ne sont d'aucun effet sur Alicia. Elle a le sentiment de perdre pied, d'être néfaste à la guérison de David. Pourquoi n'est-elle pas capable d'être aussi stoïque que Mme Jenner ? Ne se montre-t-elle pas trop gaie, trop équilibrée ? Sous le poids de ces pensées, elle sent monter en elle une nouvelle crise d'angoisse. Sa respiration se fait hachée, son cœur bat la chamade.

> Oh non, ça recommence ! Qu'est-ce qu'il faut que je fasse ? Respirer, oui, c'est ça ! Inhale par le nez, expire lentement. Compte... Un, deux... Dedans, dehors. C'est seulement le stress, rien d'autre. Dedans, dehors.

Lorsque son anxiété commence à se dissiper, Alicia comprend qu'il est temps de s'éclaircir les idées. Elle prend ses clés de voiture et part se promener au bord de la mer. Son *overthinking* régresse.

> Pendant une demi-heure, je vais penser à autre chose. Je vais aller faire du lèche-vitrines, admirer les bateaux et apprécier le paysage. Je le mérite.

Elle ressent soudain un soulagement presque physique. Quand une angoisse inopportune la traverse, elle la chasse et se concentre sur ce qui l'entoure. Une heure plus tard, en rentrant chez elle, elle a pris une décision. Non pas qu'elle y ait vraiment réfléchi au cours de sa promenade, mais l'espace mental qu'elle a entrouvert en se libérant de ses ruminations lui a donné de la clairvoyance. Elle se sent prête à aider David à intégrer un centre de soins palliatifs.

Deux jours après, ils reçoivent la visite d'une infirmière

et d'une assistante sociale qui leur expliquent avec franchise et sollicitude les différentes étapes qui attendent David.

Bien qu'effondrée de les entendre parler aussi directement de sa future disparition, Alicia se sent soulagée de le savoir entre de bonnes mains et rassérénée par sa décision.

L'état de David se détériore rapidement au cours du mois suivant. Il est si faible qu'il ne peut plus quitter l'appartement et passe l'essentiel de son temps à dormir, assommé par les traitements. Alicia reste à ses côtés, jour et nuit, monologuant dans le vide. Au bout de trois semaines de ce régime, l'infirmière vient la trouver :

– Alicia, vous devez prendre soin de vous. Ce n'est pas parce que vous vous accorderez deux heures de détente que vous aimerez moins David.

Alicia résiste un jour ou deux puis, par peur d'une nouvelle crise d'angoisse, se laisse convaincre. Sans réfléchir, elle saute dans sa voiture et part se promener au bord de l'océan. Là, elle laisse éclater sa colère : « Pourquoi ? Pourquoi David doit-il mourir ? hurle-t-elle. Pourquoi ne peut-on pas vivre ensemble ? »

Finalement, ses sanglots s'estompent et une phrase prononcée récemment par l'infirmière lui revient en mémoire : *David a beaucoup de chance de vous avoir. Quand il entend votre voix, son corps se détend et son visage s'illumine.*

Alors, Alicia remonte le fil de ses souvenirs. Elle se remémore tout ce qu'elle a partagé avec David depuis l'annonce de son cancer, les nombreuses fois où elle lui a exprimé son amour et son soutien. Elle reprend confiance en elle.

> Je ne connais pas la raison pour laquelle David doit mourir, mais peu importe au fond… J'ai été capable de le rendre heureux. Grâce à lui, j'ai connu le véritable amour. J'ai beaucoup plus appris sur moi et sur l'existence en

quelques semaines qu'en une vie entière. Je suis plus sage que je ne l'ai jamais été.

Ses larmes se remettent à couler, mais cette fois-ci de joie et de soulagement. Sa colère et sa peur ont disparu.

David est mort deux semaines plus tard, paisiblement, dans son lit. Jusqu'au bout, Alicia est restée près de lui, essayant de l'atteindre au-delà de sa torpeur. Jusqu'au bout elle a conservé la force et la paix qu'elle avait trouvées, ce jour-là au bord de la mer.

Au cours de mon étude sur le deuil, j'ai constaté qu'il est capital de trouver une signification à l'épreuve qui nous frappe. Mais les raisons en elles-mêmes importent peu. Le plus important est de parvenir à comprendre ce qui est arrivé pour pouvoir le digérer. Les gens qui en sont incapables ont tendance à rester prisonniers de leur *overthinking*. Ils se demandent constamment « pourquoi ils ont vécu ça, pourquoi leur vie a changé ». La réponse ne peut venir que de nous-mêmes. Il n'y a rien de plus odieux que d'entendre les autres nous apporter une explication du genre « Sois heureux, il est avec Dieu maintenant » ou « C'est le mystère de la vie et de la mort ».

Un mois après le décès de David, voilà ce que m'a dit Alicia :

> Si vous m'aviez demandé il y a deux ans si je pourrais assumer la mort de David, j'aurais répondu non. Je ne pensais pas avoir cette force en moi. Je l'ai découverte. J'ai appris que l'amour est capable de donner une énergie surhumaine. Je ne me sens plus invincible. Je me sens apte à recevoir ce que m'offre l'existence parce que j'ai limité mes attentes. Avant, je pensais : « Je suis jeune, j'ai tout l'avenir devant moi. » Aujourd'hui, je sais que je peux mourir demain. Alors, j'apprécie le présent. Les derniers temps, avec David, nous avons décidé de vivre chaque jour aussi pleinement que possible. Je veux

continuer. La vie me paraît plus riche qu'avant, elle représente davantage à mes yeux. Et je suis fière de moi. Fière de ma nouvelle maturité.

Les traumatismes

Chaque perte, chaque traumatisme représentent une épreuve pour ceux qui les traversent. Mais certains sont plus difficiles à comprendre que d'autres. C'est le cas des « agressions » causées par autrui – viols, assassinats, actes terroristes. Ces événements traumatiques fournissent un excellent carburant à l'*overthinking* car ils ébranlent la confiance que l'on a dans l'humanité et soulèvent de multiples questions sur leur signification.

Les femmes violées ou battues sont souvent victimes de ruminations chroniques. En plus de ressasser le déroulement du drame, elles remettent en cause leur estime de soi. « Pourquoi m'est-ce arrivé à moi ? Qu'ai-je fait pour vivre une chose pareille ? Comment a-t-il pu me faire ça ? » Quand l'auteur du crime est un membre de la famille ou un proche, les interrogations sont encore plus déstabilisantes. Que faire dans ce genre de cas ? Comment sortir du poids des souvenirs, de la peur et l'insécurité ?

Vous trouverez ci-dessous une liste de stratégies adaptées specifiquement aux femmes ayant subi des maltraitances sexuelles :

– Si vous vous sentez prisonnière de votre traumatisme, essayez de comprendre que l'*overthinking* ne vous donne pas de clairvoyance mais obscurcit votre esprit. Dites-vous qu'en cédant à vos ruminations, vous laissez votre agresseur remporter la bataille. Cessez de vous demander pourquoi cela vous est arrivé – les réponses mettront du temps à venir.

– Si vous avez l'impression que vous ne retrouverez

plus le bonheur et si vous avez tendance à vous isoler, à vous replier sur vous-même, essayez au moins de vous procurer quelques moments agréables dans la journée. Passez plus de temps dehors ou appuyez-vous davantage sur vos meilleurs amies.

– Écrivez vos ruminations autodestructrices afin de les mettre entre parenthèses. Laissez couler vos pensées sur le papier ou dictez-les sur un magnétophone. Dites ce qui vous passe à l'esprit au moment où votre *overthinking* vous envahit.

– Si votre agression a eu lieu il y a longtemps, acceptez l'idée que la douleur émotionnelle est longue à disparaître. Comprenez qu'on peut recommencer à prendre sa vie en main, sans attendre « l'oubli », que vos émotions sont normales mais qu'elles ne doivent ni vous contrôler, ni vous submerger.

– Si vous subissez *actuellement* une forme d'agression dans votre vie de tous les jours, n'attendez pas d'être sauvée... Votre partenaire ne changera pas. Vous seule pouvez décider de mettre un terme à cette relation. Si vous craignez pour votre sécurité ou celle de vos enfants, demandez l'aide de professionnels (refuge pour femmes battues, urgences psychiatriques...).

– Tentez de reconnaître les voix qui s'expriment au travers de votre *overthinking*. Rejetez particulièrement celle de votre agresseur. Et la culpabilité qu'elle fait naître en vous.

– Consultez un thérapeute, des amis, un prêtre, une association de victimes... Vous parviendrez à créer une nouvelle image de vous-même.

13.

Et si la société prenait de la hauteur… ?

De nombreuses sources de ruminations prennent naissance dans la façon dont nous vivons et dont la société est organisée. Si nous n'avons pas le pouvoir de les combattre par la loi, nous pouvons personnellement, en tant que citoyen, chacun à notre petit niveau, faire des choix afin de limiter leurs influences.

S'approcher des anciens

Nous avons beaucoup à apprendre des générations précédentes. Leur sagesse peut nous fournir des réponses. Malheureusement, le « jeunisme » qui règne actuellement dans nos sociétés ne nous prédispose pas à les écouter. Au lieu de prendre exemple sur leur capacité à digérer les aléas de la vie, nous choisissons comme modèle des gens souvent immatures, dénués de valeurs profondes. Nous avons trop tendance à être attiré par les paillettes, par le monde superficiel du sport ou du show-business. Rien de tout cela n'est susceptible de nous aider à construire des bases philosophiques ou spirituelles, pourtant si utiles dans l'existence.

Le culte de la jeunesse nous impose également de nous conformer à des standards physiques souvent impossibles à atteindre. Combien de femmes rêvent-elles devant la minceur inaccessible d'un mannequin vedette ? La conséquence est qu'elles ruminent sur leur apparence, leur âge, leur poids.

Quoique nous en pensions, nous ne sommes pas condamnées à subir cette dictature de la beauté... Nous pouvons parfaitement renverser ce système de valeurs en faisant des choix conscients au quotidien. En tant que consommateurs, nous avons la liberté de choisir de regarder des programmes télé ou d'acheter des livres plus en accord avec nos principes. Nous pouvons refuser de céder à la frénésie de consommation à laquelle nous pousse l'industrie cosmétique.

Dans notre vie de tous les jours, essayons de prendre le temps d'accorder de l'attention à nos aînés. Il est vrai qu'il faut pour cela savoir voir au-delà de l'apparence, dépasser la peur de la vieillesse ou du handicap. Mais cela ne peut être que bénéfique. Bien sûr, je ne dis pas que toutes les vieilles personnes sont sages, fascinantes ou courageuses. Certaines sont aigries, désabusées au même titre que les autres. Mais pour un peu que nous cherchions autour de nous ou dans des livres, nous pouvons trouver des gens merveilleux, capables de nous servir d'exemple.

Prenons le cas de Danielle, professeur de biologie dans un collège de renommée modeste. Son grand regret est de ne pas être parvenue à devenir chercheur de haut niveau. Malgré un travail acharné, ses expériences n'ont jamais été publiées dans des revues scientifiques importantes. Mais elle n'arrive pas à faire comprendre ses frustrations à son entourage. Ses parents, anciens ouvriers, sont très fiers de son parcours professionnel et la trouvent trop exigeante.

Ce n'est qu'en lisant le livre de Richard Feynman, lauréat du prix Nobel, que Danielle a triomphé de ses ruminations. En prenant exemple sur ce scientifique qui a voué son existence au « plaisir de la découverte » et non à la célébrité, Danielle a retrouvé la joie d'enseigner et a su se contenter de sa « petite » réussite. En un mot, elle a trouvé une nouvelle perspective à travers le récit d'un ancien.

Comblez le manque de valeurs

Nous sommes constamment assaillis par des milliards d'informations provenant des médias, d'Internet, des hommes politiques, de nos familles, amis ou collègues de travail. Ces sources multiples nous poussent inconsciemment à adopter tel ou tel comportement, tel ou tel objectif. Au milieu de ce tintamarre, il est souvent difficile d'entendre nos propres principes, nos propres valeurs ou croyances. Comment parvenir à les capter afin de rejeter les messages destructeurs imposés par la société ? En un mot, comment se retrouver ?

La première solution est de passer davantage de temps avec soi-même. Ce qui n'est pas toujours facile lorsqu'on travaille du matin au soir et qu'on est mère de famille... De plus, nous avons toutes une forme d'angoisse à l'idée de la solitude. Nous avons tendance à multiplier les activités pour ne pas ressentir de « vide ». Poussées par des notions de « productivité », nous sommes enclines, même dans nos vies personnelles, à ne pas vouloir « perdre notre temps ». C'est ainsi que certaines lisent le journal tout en se maquillant, écoutent leur messagerie en conduisant ou font faire les devoirs à leurs enfants en préparant le dîner...

Cette frénésie d'efficacité n'épargne aujourd'hui personne. J'ai moi-même connu un pasteur qui en était arrivé à prier en faisant son jogging matinal. Tout ça pour

« optimiser son emploi du temps ». Au bout d'une semaine, il a fini par conclure que, finalement, il ne s'épanouissait réellement dans aucune de ces deux activités !

Je reconnais qu'il faut beaucoup de discipline et d'auto-dévouement pour parvenir à se dégager des moments à soi et à se mettre au diapason de sa voix intérieure. Beaucoup d'entre nous ont perdu la capacité de vivre dans le calme. Cela demande un certain entraînement, mais on en tire d'énormes bénéfices. La méditation, l'écoute, voire la prière, apportent un sentiment de paix et la capacité de se lancer dans l'action. Si vous faites partie de celles qui ont tendance à ruminer lorsque le silence règne autour de vous, n'hésitez pas : usez des stratégies décrites dans ce livre ou énoncez vos inquiétudes à voix haute, comme si vous étiez en train de prier.

Il faut également prendre le temps de partager des instants de sérénité avec les autres, ses proches par exemple. À notre époque, beaucoup de familles ont du mal à se réunir, chacun se livrant dans son coin à une activité sans prendre même la peine de se retrouver aux repas. N'oubliez jamais que le développement émotionnel harmonieux d'un enfant passe par une vie régulière, ponctuée de rituels. C'est ainsi qu'il est en mesure de se connecter au monde extérieur.

Chacun, en tant que citoyen, a également un rôle à jouer dans la définition des valeurs de la société. Si nous ne nous donnons pas les moyens de découvrir les principes qui nous sont chers, comment serons-nous capables de choisir les élus qui nous représenteront ? Comment éviter les pièges de la médiatisation, de l'argent, qui reste trop souvent le fer de lance des campagnes politiques ?

Sortez de vous-même

S'occuper de soi, prendre le temps de se connecter à ses valeurs ne veut pas dire se regarder le nombril en permanence. Notre société a une tendance accrue à tomber dans ce travers. C'est pour cela qu'il est essentiel de se tourner vers les autres, surtout vers les moins chanceux. En donnant de notre temps aux déshérités, nos ruminations quotidiennes tendent à devenir insignifiantes à nos yeux. Cela permet de se recentrer sur des préoccupations vitales. Ceux qui font partie, par exemple, d'une association humanitaire, d'une organisation de défense de l'environnement ont généralement un regard plus acéré sur l'existence et tombent moins dans le « Il a dit, elle m'a dit, comment ai-je pu dire ça ? » qui nous tire toutes vers le bas.

Il suffit également souvent de changer de relation et de réseau amical, de s'approcher de ceux qui envisagent la vie comme un défi et non comme une corvée. En effet, la fréquentation de gens plaintifs, désapprobateurs ou anxieux entraîne une baisse d'énergie, sape les forces intérieures. Où et comment dénicher de tels amis ? D'abord, dans des activités bénévoles qui défendent des causes qui vous sont chères. Et aussi en exprimant le plus possible votre optimisme et votre positivisme.

Rosanna, par exemple, responsable d'une société juridique a annoncé à son personnel qu'à partir de maintenant elle répondrait à chaque jérémiade par une suggestion constructive. Au début, tout le monde a été décontenancé, mais en deux semaines, l'ambiance des réunions hebdomadaires a changé. Le négativisme ambiant s'est mué en enthousiasme.

Imaginez le climat qui pourrait régner dans la société si l'on se comportait tous comme Rosanna ! En laissant sortir nos émotions positives, nous élargirions incontestablement nos perspectives et renforcerions notre créativité.

Sortez du « Tout nous est dû »

En tant que consommateurs, nous avons tous le loisir de nous débarrasser de cette valeur toxique. Qui nous oblige à regarder ces shows télévisés où l'on glorifie la confrontation, les querelles et l'étalage de rancœurs ? Personne. Au lieu de nous focaliser sur nos droits, pourquoi ne pas chercher en priorité à régler une situation au bénéfice de tout le monde ? Pourquoi ne pas appliquer dans notre vie quotidienne la politique du « Un partout », déjà utilisée dans la gestion de conflit au sein des entreprises ?

De la même façon, dans le cercle familial, pourquoi s'acharner à vouloir remporter des batailles contre nos enfants, se focaliser exclusivement sur la notion de respect ? Cette attitude jusqu'au-boutiste, alimentée par l'obsession du « Tout nous est dû », mène souvent à des impasses. Car si les enfants sont prompts à céder devant l'autorité, ils vivent mal cette lutte de pouvoir. Alors, me direz-vous, comment régler un conflit de façon satisfaisante ? D'abord en commençant par oublier « le rapport de forces », en se mettant à leur niveau et puis en les aidant à comprendre notre point de vue. Ce fonctionnement permettra non seulement d'éviter les ruminations de part et d'autre, mais également de construire à terme un monde moins centré sur lui-même, plus propice à la communication. Et surtout moins enclin à l'*overthinking*.

La judiciarisation accrue de nos sociétés prouve, s'il en était besoin, ce désir obsessionnel de faire appliquer nos droits coûte que coûte. Dans la vie sociale, le moindre différend prend l'allure d'une bataille rangée. On lance une action en justice, on réclame vengeance… Tout cela simplement par amour-propre et pour protéger son estime de soi.

Prenons l'exemple de Harriet, membre d'une association de parents d'élèves. Elle est opposée à l'adoption d'un nouveau programme de mathématiques dans la classe de sa fille. Ses objections sont argumentées, solides, mais elle doit faire face à l'opposition d'Eleanor qui, elle, se bat en faveur de ce projet pédagogique. Au cours d'une lutte de plusieurs mois, ce dernier est finalement accepté par le conseil d'administration de l'école. Malgré l'attitude ouvertement triomphale d'Eleanor, Harriet se plie à la décision collective. Voilà ce qu'elle déclare : « J'espère qu'Eleanor a raison, que ce nouveau programme montrera son efficacité. Dans ce cas, les enfants en seront les bénéficiaires. Sinon, nous reverrons cette décision l'an prochain. »

Harriet a refusé de considérer son échec comme l'expression d'un manque de valeur personnelle. Elle n'a pas laissé son estime de soi interférer dans ce combat. Elle a fait bonne figure bien qu'elle fût convaincue que ce projet était néfaste. En résumé, elle a élevé le débat et n'a pas cédé à l'obsession du « Tout nous est dû ».

Nous pouvons tous adopter cette attitude au quotidien : à la maison en poussant nos enfants à refuser de fonctionner dans le « Avec moi ou contre moi », de réclamer des privilèges ou de reporter leurs fautes sur les autres. Cela commence par résister au désir qu'ils soient les premiers partout. Dans notre vie sociale, en cessant de fonctionner dans le corporatisme.

Renforcer les perspectives à long terme

Tout membre d'une collectivité a la liberté d'exiger de ses dirigeants politiques qu'ils mettent sur pied des programmes destinés à régler les problèmes à long terme. La recherche de palliatifs, néfaste pour un individu, l'est encore plus pour une société. Au quotidien, nous devons apprendre à refuser les solutions rapides qu'elle nous propose : les calculs à la petite semaine, la pilule miracle à l'effet trompeur... Mais le plus important est d'aider nos enfants à se bâtir une forte personnalité. Notre premier devoir d'éducateur est de leur apprendre la constance, la patience et de leur expliquer les conséquences désastreuses d'une attitude qui viserait à tout vouloir immédiatement. Par exemple, au lieu de céder à la pression et de faire les devoirs à leur place, mieux vaudrait les encourager à dépasser leurs difficultés en les aidant à distance. Ou, dans le cas d'un conflit entre eux, leur apprendre à mieux communiquer afin de trouver eux-mêmes le moyen de régler la situation.

Mais la frénésie de la vie actuelle nous pousse trop souvent à tomber dans la facilité, à les laisser se débrouiller. Ils retiennent l'idée que « la fin justifie les moyens », que l'important est de trouver une solution, même imparfaite ou provisoire. À terme, ces messages inconscients peuvent les pousser, dans le pire des cas, à tricher aux examens, à se doper pour améliorer leurs performances scolaires ou sportives. La mission de parents est l'une des plus dures qui soient mais ce n'est qu'en enseignant à nos enfants la notion de perspective à long terme que nous serons en mesure d'en faire des citoyens adultes et matures.

Éduquer les filles et les autres...

Nous avons toutes plus ou moins la faiblesse coupable de permettre aux filles, plus qu'aux garçons, d'exprimer le versant émotionnel de leurs personnalités. Nous prêtons attention à leurs sentiments et les encourageons même à les exprimer, en sympathisant avec leurs soucis. Malheureusement, nous omettons, parrallèlement, de développer chez elles la capacité de dominer leurs émotions, de les identifier et de les combattre. En leur donnant l'exemple et en leur enseignant les stratégies décrites dans ce livre, nous pouvons les aider à devenir des femmes moins torturées, plus maîtresses de leur destin.

Beaucoup de chemins mènent à l'*overthinking* mais rien ne nous condamne à les emprunter. C'est à chacune de nous de se prendre en main. Nous avons toutes la possibilité de nous libérer de nos sentiments afin de construire une vie plus épanouie et réussie. Nous avons toutes à y gagner… et la société aussi !

Remerciements

Ce livre est basé sur de nombreuses études que j'ai menées en collaboration avec Sonja Lyubormirsky, Judith Larson, Andrew Ward, Jannay Morrow, Joan Girgus, Cheryl Rusting, Sheena Sethi, Christopher Davis, Wendy Treynor, Richard Gonzalez, Zaje Harrell, Barbara Fredickson et Tomi-Ann Roberts. Je tiens à les remercier pour leur aide précieuse.

Todd Shuster, mon agent littéraire, m'a encouragée à porter le résultat de mes recherches à la connaissance du grand public et n'a pas ménagé sa peine pour que ce livre voie le jour. Deborah Brody a supervisé ce projet et m'a aidée à le construire. Un grand merci à vous deux : cela a été un plaisir de travailler avec vous !

Enfin, je tiens à remercier ma famille qui, tout au long de cette aventure, m'a prodigué comme toujours son amour inconditionnel : Richard, Michael, Catherine, John, Marjorie et Renze.

Ce volume a été composé
par Facompo à Lisieux
et achevé d'imprimer en septembre 2005
par Bussière à Saint-Amand-Montrond (Cher)
à Saint-Amand-Montrond (Cher)
pour le compte des éditions Lattès

N° d'édition : 69308/01 – N° d'impression : 052993/4.
Dépôt légal : septembre 2005.

Imprimé en France